Polyglott-Reiseführer

Das Loire-Tal

Manfred Braunger

Polyglott Verlag München

Langenscheidt Mini-Dolmetscher

Allgemeines

Guten Tag	Bonjour [bõ**~~sch~~ur**]
Hallo!	Salut! [ßa**lü**]
Wie geht's?	Ça va? [ßa **wa**]
Danke, gut.	Bien, merci. [bjẽ mär**ßi**]
Ich heiße ...	Je m'appelle ... [~~sch~~ö ma**päll**]
Auf Wiedersehen.	Au revoir. [o rö**woar**]
Morgen	matin [ma**tẽ**]
Nachmittag	après-midi [aprämi**di**]
Abend	soir [ßoar]
Nacht	nuit [nüi]
morgen	demain [dö**mẽ**]
heute	aujourd'hui [o~~sch~~ur**düi**]
gestern	hier [jär]
Sprechen Sie Deutsch?	Parlez-vous allemand? [par**le** wu al**mã**]
Wie bitte?	Pardon? [par**dõ**]
Ich verstehe nicht.	Je ne comprends pas. [~~sch~~ö nö kõ**prã** pa]
Sagen Sie es bitte nochmals.	Pourriez-vous répéter, s'il vous plaît? [pur**je** wu repe**te** ßil wu **plä**]
..., bitte.	..., s'il vous plaît. [ßil wu **plä**]
danke	merci [mär**ßi**]
Keine Ursache.	De rien. [dö **rjẽ**]
was / wer / welcher	quoi / qui / quel [koa / ki / käll]
wo / wohin	où [u]
wie / wieviel	comment / combien [ko**mã** / kõ**bjẽ**]
wann / wie lange	quand / combien de temps [kã / kõ**bjẽ** dö **tã**]
warum	pourquoi [pur**koa**]
Wie heißt das?	Comment ça s'appelle? [ko**mã** ßa ßa**päll**]
Wo ist ...?	Où est ...? [u ä]
Können Sie mir helfen?	Pouvez-vous m'aider? [pu**we** wu mä**de**]
ja	oui [ui]
nein	non [nõ]
Entschuldigen Sie.	Excusez-moi. [äksküse **moa**]
Das macht nichts.	Ça ne fait rien. [ßa nö fä **rjẽ**]

Sightseeing

Gibt es hier eine Touristeninformation?	Est-ce qu'il y a une information touristique ici? [äskil**ja** ün ẽforma**ßjõ** turis**tik** i**ßi**]
Haben Sie einen Stadtplan / ein Hotelverzeichnis?	Avez-vous un plan de la ville / une liste des hôtels? [a**we** wus ẽ plã dö la wil / ün list des‿o**täll**]
Wann ist das Museum / die Kirche / die Ausstellung geöffnet?	Quelles sont les heures d'ouverture du musée / de l'église / de l'exposition? [käl ßõ les‿ör duwär**tür** dü mü**se** / dö le**glihs** / dö läksposi**ßjõ**]
geschlossen	fermé [fär**me**]

Shopping

Wo gibt es ...?	Où est-ce qu'il y a ...? [u äskil**ja**]
Wieviel kostet das?	Ça coûte combien? [ßa kut kõ**bjẽ**]
Das ist zu teuer.	C'est trop cher. [ßä tro **schär**]
Das gefällt mir (nicht).	Ça me plaît. / Ça ne me plaît pas. [ßa mö **plä** / ßa nö mö plä **pa**]
Gibt es das in einer anderen Farbe / Größe?	Ça existe dans une autre couleur / taille? [ßa äk**sist** dãs‿ün **o**trö ku**lör** / taj]
Ich nehme es.	Je le prends. [~~sch~~ö lö prã]
Wo gibt es hier eine Bank?	Où est-ce qu'il y a une banque ici? [u äskil**ja** ün bãk i**ßi**]
Ich suche einen Geldautomaten.	Je cherche un guichet automatique. [~~sch~~ö schärsch ẽ gi**schä** otoma**tik**]
Geben Sie mir 100 g Käse / zwei Kilo Pfirsiche.	Donnez-moi cent grammes de fromage / deux kilos de pêches. [do**ne moa** ßã gram dö fro**ma~~sch~~** / döh ki**lo** dö päsch]
Haben Sie deutsche Zeitungen?	Avez-vous des journaux allemands? [a**we** wus de ~~sch~~ur**no** al**mã**]
Wo kann ich telefonieren / eine Telefonkarte kaufen?	Où est-ce que je peux téléphoner / acheter une télécarte? [u äskö ~~sch~~ö pöh telefo**ne** / asch**te** ün tele**kart**]

Notfälle

Ich brauche einen Arzt / Zahnarzt.	J'ai besoin d'un médecin / dentiste. [~~sch~~e bö**soẽ** dẽ med**sẽ** / dã**tist**]
Rufen Sie bitte einen Krankenwagen / die Polizei.	Appelez une ambulance / la police, s'il vous plaît. [a**ple** ün ãbü**lãs** / la po**lis** ßil wu **plä**]

un Ballon > 1 Gl. Wein / a demi 1 Gl. Bier

Wir hatten einen Unfall.	On a eu un accident. [õ‿na ü ẽn‿akßi**dã**]
Wo ist das nächste Polizeirevier?	Où est le poste de police le plus proche? [u ä lö post dö po**lis** lö plü **prosch**]
Ich bin bestohlen worden.	On m'a volé. [õ‿ma wo**le**]
Mein Auto ist aufgebrochen worden.	On a fracturé ma voiture. [õn‿a fraktü**re** ma woa**tür**]

Essen und Trinken

Die Speisekarte, bitte.	La carte, s'il vous plaît. [la **kart** ßil wu **plä**]
Brot	pain [pẽ]
Kaffee	café [ka**fe**]
Tee	thé [te]
mit Milch / Zucker	au lait / sucre [o lä / **ßü**krə]
Orangensaft	jus d'orange [~~seh~~ü do**rã~~seh~~**]
Suppe	soupe [ßup]
Fisch / Meeresfrüchte	poisson / fruits de mer [poa**ssõ** / früi dö **mär**]
Fleisch / Geflügel	viande / volaille [wjãd / wo**laj**]
Beilage	garniture [garni**tür**]
vegetarische Gerichte	cuisine végétarienne [küi**sin** we~~seh~~etar**jänn**]
Eier	œufs [öh]
Salat	salade [ßa**lad**]
Dessert	dessert [de**ssär**]
Obst	fruits [frü**i**]
Eis	glace [glass]
Wein	vin [wẽ]
weiß / rot / rosé	blanc / rouge / rosé [blã / ru~~seh~~ / ro**se**]
Bier	bière [bjär]
Aperitif	apéritif [aperi**tif**]
Wasser	eau [o]
Mineralwasser	eau minérale [o mine**ral**]
mit / ohne Kohlensäure	gazeuse / non gazeuse [ga**sös** / nõ ga**sös**]
Limonade	limonade [limo**nad**]
Frühstück	petit déjeuner [pöti de~~seh~~ö**ne**]
Mittagessen	déjeuner [de~~seh~~ö**ne**]
Abendessen	dîner [di**ne**]
eine Kleinigkeit	un petit quelque chose [ẽ pö**ti** källkə **schohs**]
Ich möchte bezahlen.	L'addition, s'il vous plaît. [ladi**ßjõ** ßil wu **plä**]
Es war sehr gut / nicht so gut.	C'était très bon. / Ce n'était pas si bon. [ße**tä** trä **bõ** / ßö ne**tä** pa ßi **bõ**]

Im Hotel

Ich suche ein gutes / nicht zu teures Hotel.	Je cherche un bon hôtel / un hôtel pas trop cher. [~~seh~~ö schärsch ẽ bõn‿o**täll** / ẽn‿o**täll** pa tro **schär**]
Ich habe ein Zimmer reserviert.	J'ai réservé une chambre. [~~seh~~e resär**we** ün **schãbr**]
Ich suche ein Zimmer für ... Personen.	Je cherche une chambre pour ... personnes. [~~seh~~ö schärsch ün schãbr pur ... pär**ßonn**]
Mit Dusche und Toilette.	Avec douche et toilette. [a**wäk** dusch e toa**lätt**]
Mit Balkon.	Avec balcon. [a**wäk** bal**kõ**
Wieviel kostet das Zimmer pro Nacht?	Quel est le prix de la chambre par nuit? [käll‿ä lö pri dö la **schãbr** par **nüi**]
Mit Frühstück?	Avec petit déjeuner? [a**wäk** pöti de~~seh~~ö**ne**]
Kann ich das Zimmer sehen?	Est-ce que je peux voir la chambre? [äskö ~~seh~~ö pöh **woar** la **schãbr**]
Haben Sie ein anderes Zimmer?	Est-ce que vous avez une autre chambre? [**äs**kö wus‿a**we** ün otrə **schãbr**]
Das Zimmer gefällt mir (nicht).	La chambre me plaît / ne me plaît pas. [la schãbr mö **plä** / nö mö plä **pa**]
Kann ich mit Kreditkarte bezahlen?	Est-ce que je peux payer avec une carte de crédit? [**äs**kö ~~seh~~ö pöh pä**je** a**wäk** ün kart dö kre**di**]
Wo kann ich parken?	Où est-ce que je peux laisser ma voiture? [u **äs**kö ~~seh~~ö pöh lä**sse** ma woa**tür**]
Können Sie das Gepäck in mein Zimmer bringen?	Pourriez-vous apporter mes bagages dans la chambre? [pur**je** wu apor**te** me ba**ga~~seh~~** dã la **schãbr**]
Wo ist der Frühstücksraum / Speisesaal?	Où est la salle à manger? [u ä la ßal‿a mã**~~sehe~~**]
Wecken Sie mich morgen bitte um 7 Uhr!	Réveillez-moi demain matin à sept heures, s'il vous plaît! [rewä**je** moa dö**mẽ** ma**tẽ** a ßät‿ör ßil wu plä]
Es fehlen Handtücher / Kleiderbügel.	Il manque des serviettes de toilette / des cintres. [il mãk de ßär**wjät** dö toa**lät** de ßẽtr]

INHALT

Allgemeines

Städtebeschreibungen

Routen

Routen

Bildnachweis

Alle Fotos Manfred Braunger außer Archiv für Kunst und Geschichte, Berlin: 15/1, 19/1+3, 21/1, 77/1; Siegmar Hohl: 61/2, 69/1, Umschlag (Bild); Superbild/Bernd Ducke: Umschlag (Flagge).

Editorial

Das Loire-Tal ist etwas für Kenner und Genießer. Prunkvolle Schlösser inmitten einer lieblichen Landschaft, Kunstwerke ersten Ranges, üppige Parks, Geschichte und Geschichten über höfische Feste, Affären, Intrigen, Glanz und Elend eines feudalen Lebens. Noch heute scheint sich hier alles um Schlösser zu drehen: Chambord, wo Baumeister aus Italien dem König ein gigantisches Denkmal setzten; das märchenhafte Wasserschloss Chenonceau, um das sich einst zwei einflussreiche Frauen stritten; Blois, Amboise, Azay-le-Rideau … hier treffen sich im Sommer Besucher aus aller Welt.

Überhaupt hat die Region trotz moderner Großstädte wie Tours oder Nantes ihren provinziellen Charakter weitgehend bewahrt. Der Fluss selbst ist der letzte große Strom Europas, der noch weitgehend unreguliert und launenhaft dahinfließt. Die Loire kann zeitweise nur aus ein paar Rinnsalen zwischen Sandbänken bestehen, dann wieder als tosende Flut über die Ufer treten.

Die Touraine pries nicht nur Balzac als urfranzösische Region – schließlich wird hier das reinste Französisch des Landes gesprochen. Kurz vor der Loiremündung riecht es hingegen nach Meer, und der Einfluss der Bretagne macht sich nicht nur in ihrer früheren Hauptstadt Nantes bemerkbar. Bleiben die kulinarischen Köstlichkeiten, die eine Reise an die Loire zu einem runden Erlebnis machen. Warum nicht einen schönen Tag mit einem spritzigen Wein der Region beschließen?

Buchsbaumhecken im Park von Schloss Villandry

Talleyrand, der Außenminister Napoleons, erwarb 1805 Schloss Valençay

Die Loire bei Orléans

Der Autor

Nach journalistischer Ausbildung und Berufstätigkeit bei Tageszeitungen studierte **Manfred Braunger** in Freiburg und Lusaka (Sambia) Politikwissenschaften, Ethnologie und Soziologie. Seit vielen Jahren ist er als Buchautor und Fotojournalist tätig, wobei seine Schwerpunkte auf Frankreich und Nordamerika liegen.

Frankreichs altes Herz

Das Anjou und die Touraine, Orléans, Chambord, Chinon ... selbst in den Ohren von Nichteingeweihten haben diese Namen einen vielversprechenden Klang. Sie lassen an Burgen und Schlösser, an Richard Löwenherz und Jeanne d'Arc, an Rabelais und Balzac, Wein, Champignons und vieles, vieles mehr denken. Eine Reise an die Loire führt durch ein geschichtsträchtiges und deshalb auch außerordentlich populäres Stückchen Frankreich.

Wie seltsam entrückte Inseln längst vergangener Zeiten ragen Ruinen von Wehrtürmen, trutzige Burgen, prachtvolle Schlösser und elegante Herrensitze aus der ruhigen Provinzlandschaft heraus. Seit dem 15. Jh. war das Loire-Tal, wenn auch manchmal nicht ganz freiwillig, der Lieblingsplatz der französischen Könige und Königinnen. Mit ihrem gesamten Hofstaat zogen sie von Schloss zu Schloss, um sich mal hier, mal da für eine Weile niederzulassen. Aus dieser Zeit stammen spätmittelalterliche Burgen und komfortable Renaissanceschlösser. Erst mit der Konsolidierung des Königtums unter Henri IV und dem Beginn des Absolutismus trat das Loire-Tal in den Hintergrund und Paris und die Ile-de-France bilden seit dieser Zeit wieder unangefochten das Zentrum des Landes.

Denn trotz aller Beschaulichkeit und Geschichtsträchtigkeit, der das Loire-Tal heute seinen wirtschaftlich nicht unerheblichen Tourismus verdankt, hat das 20. Jh. natürlich auch hier Einzug gehalten. So rast der TGV seit 1990 auch nach Tours und das Wasser der Loire dient schon lange nicht mehr der Schifffahrt, sondern der Kühlung mehrerer Kernkraftwerke an ihren Ufern.

Im „Garten Frankreichs"

Noch heute spielt die Landwirtschaft eine wichtige Rolle im fruchtbaren „Garten Frankreichs". Nicht selten reichen die Maisfelder, Weinberge und Gemüseäcker bis an die brüchig gewordenen Mauern der Schlösser heran. Selbst die größte Stadt des Loire-Tals, Tours, verströmt eher ein provinzielles Flair, woran auch der alltägliche Stau während der Hauptverkehrszeit nichts ändert.

Lage und Größe

Die Bezeichnung Tal der Loire ist heute weniger ein geographischer als ein touristischer Begriff. Üblicherweise versteht man darunter die zu beiden Seiten des Flusses gelegenen Landschaften zwischen Gien im Osten und Angers im Westen. Darüber hinaus schließt dieser Führer das Gebiet westlich von Angers bis zur Mündung der Loire in den Atlantik bei St-Nazaire und im Südosten Bourges, die alte Hauptstadt des Herzogtums Berry mit ihrer phantastischen gotischen Kathedrale, ein.

Lebensader dieses Landstrichs am Südrand des Pariser Beckens ist seit Menschengedenken der Fluss selbst. Im Zentralmassiv aus einer Vielzahl von Bächen und Rinnsalen gebildet, fließt die Loire zunächst nach Norden, wechselt bei Orléans die Richtung und mäandert um die Sologne herum nach Westen Richtung Meer. Charakteristisch für das Tal ist eine größtenteils flache Landschaft, aus der an mehreren Stellen, so z. B. auf dem Abschnitt zwischen Saumur und Montsoreau, die steilen Ufer wie von Gras und Büschen bewachsene Klippen herausragen. Auch in der Nähe von Blois zwängen die Kalkabbrüche der Beauce die Loire in ein engeres Bett. Erst auf der Höhe von Tours kann sich der Fluss wieder ausbreiten.

Mit 1012 km ist die Loire der längste Strom Frankreichs. Die wichtigsten Nebenflüsse sind Cosson, Beuvron, Allier, Sauldre, Cher, Indre, Loir, Thouet, Vienne, Sarthe und Mayenne, die nach dem Zusammenfluss die Maine bilden.

Besser bekannt als die fünf Départements, welche die Loire zwischen Orléans und Atlantik durchzieht, sind die historischen Landschaften und Provinzen beiderseits des Flusses. Von Ost nach West sind dies: das *Berry* um seine alte Hauptstadt Bourges, das *Orléanais* um Orléans und die südlich davon liegende *Sologne*, das *Blésois* um die ehemalige Residenzstadt Blois, die *Touraine* rund um Tours und das *Anjou* mit seiner Hauptstadt Angers. Es leitet mit seiner lieblichen Landschaft vom Loire-Tal in die atlantische Küstenregion über und bildet das Bindeglied zur Bretagne. Nantes, einst Residenz der bretonischen Herzöge, wurde bei der Verwaltungsreform der 70er Jahre Hauptstadt der Region Pays de la Loire.

Natur und Umwelt

Im Hochsommer schiebt sich die Loire träge dahin und viele Sandbänke ragen aus dem breiten, halbleeren Flussbett. An den Ufern staut sich das Wasser in kleinen Weihern. Nichts deutet darauf hin, dass sich der Fluss während der Schneeschmelze im Frühjahr oder nach längeren, heftigen Niederschlägen in einen tosenden und sogar gefährlichen Strom verwandeln kann.

Nur mit flachen Booten kann man tief in den Parc Régional de la Grande Brière hineinfahren

Gründe für das zeitweise starke Anschwellen der Loire sind ihr starkes Gefälle und ihr riesiges Einzugsgebiet. Allein zwischen St-Etienne, südwestlich von Lyon, und Nantes besteht ein Höhenunterschied von knapp 500 m. Auf dieser Strecke münden unzählige Nebenflüsse in den Hauptstrom und lassen dessen Pegel bei ausgiebigen Niederschlägen in kurzer Zeit um mehrere Meter ansteigen. Die Anrainer am Mittel- und Unterlauf sind schon seit Jahrhunderten von den daraus entstehenden Konsequenzen betroffen. So kam

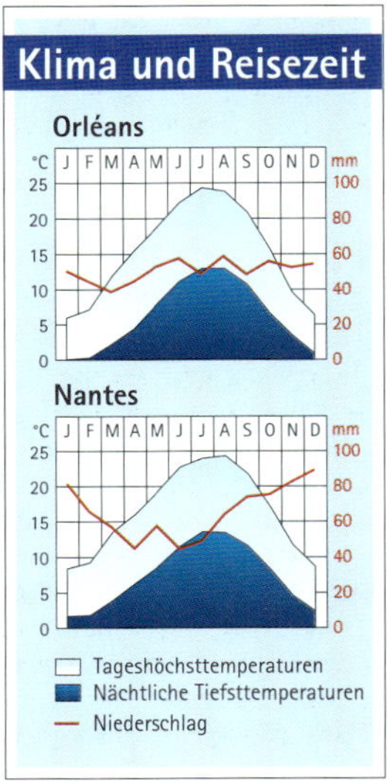

es 1846, 1856, 1966 und 1992 zu katastrophalen Überschwemmungen, die sogar Menschenleben forderten.

Neben vielfältigen Kulturpflanzen gedeihen an der Loire rar gewordene Arten wie Hirschsprung und Sandwegerich. Tierarten wie Zwergseeschwalben, Wildgänse, Löffelreiher, Brachhühner, Teichrohrsänger, Stockenten und Wasserrallen, Biber und Otter und am Nebenfluss Allier sogar Sumpfschildkröten finden noch immer einen adäquaten Lebensraum. Auch Fischarten wie Weißfische, Brassen, Aale, Neunaugen, Hechte und Flussbarben fühlen sich in der Loire wohl. Sogar die seit Jahren unter ganz besonderem Schutz stehenden Lachse tauchen wieder vermehrt auf und müssen sich in Anbetracht der Angelverbote nur vor den Fischadlern in acht nehmen.

Tipp Die Umweltorganisation *SOS Loire Vivante* ist unter folgender Adresse zu erreichen: 8, rue Crozatier, F-43000 Le Puy en Velay, Frankreich, ☎ 04 71 05 57 88, FAX 04 71 02 60 99, email: soslv@rivernet.org, Internet: http://www.rivernet.org/soslv.htm

Klima und Reisezeit

Das Loire-Tal ist berühmt für sein mildes Klima. Für ozeanische Luftströmungen, die vom Atlantik her ins Landesinnere eindringen, gibt es kaum ernst zu nehmende Barrieren, sodass sich der mäßigende Einfluss bis weit nach Osten hin bemerkbar machen kann. Wer in den Tageszeitungen die täglich veröffentlichten Wetterkarten betrachet, wird außerdem feststellen, dass die Loire auch eine Wetterscheide

Die „Wasserschlacht" ist noch nicht entschieden

Die Loire ist der letzte unregulierte Fluss Europas, doch ob sie das bleiben soll, darüber herrscht keineswegs Einigkeit. Dabei ist selbst die Unberührtheit der Loire nur relativ, denn schon im Mittelalter wurden hier Dämme und Deiche gebaut. Außerdem scheint die mangelnde Regulierung der Nutzbarkeit des Flusses nur bedingt Abbruch zu tun: Die Loire dient immerhin vier Kernkraftwerken als Kühlsystem und vielen Städten und Gemeinden als Abwasserkanal.

Heftige Konflikte entbrannten am Oberlauf der Loire um zwei Staudammprojekte. Der *World Wide Fund for Nature* und Organisationen aus ganz Westeuropa unterstützen das französische Aktionskomitee *SOS Loire Vivante* im Kampf gegen den Bau der Staudämme. Umweltschützer hielten von 1989 bis 1991 den Standort des geplanten Riesendammes bei *Serre-de-la-Fare* besetzt, bis ein Verwaltungsgericht die Bauerlaubnis für das Projekt annullierte. Damit war die Sache für die Ökologen aber noch lange nicht gewonnen. Schließlich findet die Interessengemeinschaft *EPALA* (Etablissement public d'aménagement de la Loire et de ses affluents), nicht nur bei Bürgermeistern und Stadtverordneten Unterstützung, die in den Staudämmen ein wirksames Mittel gegen die verheerenden Hochwasser sehen. Hinter dieser Organisation stehen die Betreiberfirmen der Atomkraftwerke am Unterlauf des Flusses, die eine Regulierung favorisieren, um dem sommerlichen Mangel an Kühlwasser für ihre Atommeiler abzuhelfen.

Anfang 1994 zeigte der zähe Widerstand von *Loire Vivante* und einiger anderer Umweltaktivisten den ersten durchschlagenden Erfolg: Der Großstaudamm bei Serre-de-la-Fare wurde endgültig zu den Akten gelegt. Statt dessen kündigte der damalige Umweltminister Michel Barnier eine neue Langzeitinitiative unter dem Namen *Plan Loire Grandeur Nature* an. Dieses staatliche Projekt hatte ebenso wie die bildet. In der wärmeren Jahreszeit trennt sie die feuchteren Luftmassen im Norden vom wärmeren und trockeneren Klima des Südens.

Nach einem recht kurzen Winter hält das Frühjahr normalerweise schon im März mit angenehmen Temperaturen Einzug und lässt das in den Pariser Großmärkten beliebte Frühgemüse gedeihen. Mai und Juni sind klimatisch neben dem Herbst die günstigsten Zeiten für einen Besuch, da Juli und August ihrem Ruf als wärmste Monate mit gelegentlich über 30°C alle Ehre machen. Aus diesem Rahmen fällt eigentlich nur das Département Loire-Atlantique. Die kalte Jahreszeit bricht dort manchmal mit schneidigen Böen über die Küstenstädtchen herein, die dafür im Hochsommer durch eine kühlende Brise entschädigt werden.

frühere Staudammpolitik den Schutz der Loire-Region vor Hochwasser zum Ziel. Jedoch wollte man sich alternativer Mittel wie etwa Überlaufbecken bedienen.

Im Zuge eines breit angelegten Programmes zur stufenweise Renaturierung der oberen Loire fiel – man höre und staune – die Entscheidung, zwei wichtige Nebenflüsse so weit wie möglich in ihren ursprünglichen Zustand zurückzuführen. Hauptsächlich sollte damit Lachsen die Möglichkeit verschafft werden, wie früher in ihre Laichgründe zurückzukehren. Im Sommer 1998 wurde deshalb der bislang von der Electricité de France betriebene Saint-Etienne-du-Vigan-Damm am oberen Allier-Fluss gesprengt - ein bis dahin in Frankreich einmaliges Abrissunternehmen. Doch blieb es nicht dabei. Im November 1998 musste auch der seit 1923 bestehende Maisons-Rouges-Damm am Loire-Zufluss Vienne weichen.

Traditionell sind die Häuser im Parc Régional de la Grande Brière mit Reet gedeckt

Weit und flach ist die Landschaft nördlich von Valençay

Im Fischerhafen von Le Croisic

Wer es etwas ruhiger mag und es einrichten kann, sollte allerdings auf die Hauptreisezeit zwischen Juni und Anfang September verzichten. Gut haben es Frühaufsteher: Ist man gleich bei Öffnung der Schlösser zur Stelle, bieten sich reelle Chancen für einen ungestörten Besuch wenigstens eines Teils der Anlagen. Seit Fertigstellung der A10 (Paris–Orléans–Tours) macht sich an Wochenenden ein verstärkter Andrang der Hauptstädter bemerkbar.

Steckbrief

Loire-Tal: Es setzt sich zusammen aus folgenden sieben Départements (von Ost nach West): Cher (Hauptstadt: Bourges), Loiret (Orléans), Loir-et-Cher (Blois), Indre (Châteauroux), Indre-et-Loire (Tours), Maine-et-Loire (Angers) und Loire-Atlantique (Nantes).

Größte Städte:
Nantes (497 000 Einw.),
Tours (282 000 Einw.),
Orléans (243 000 Einw.).

Historische Provinzen: Berry, Orléanais, Solonge, Blésois, Touraine, Anjou, Bretagne.

Die Loire: Ursprung auf dem Gerbier-de-Jonc im Zentralmassiv, nach 1012 km Mündung in den Atlantik bei St-Nazaire. Einschließlich ihrer Nebenflüsse entwässert sie mit gut 120 000 km² knapp ein Viertel des französischen Territoriums auf dem europäischen Festland.

Wichtigste Nebenflüsse: Cosson, Beuvron, Allier, Sauldre, Cher, Indre, Loir, Thouet, Vienne, Sarthe und Mayenne.

Bevölkerung und Tradition

So teuer die Schlossbauten ihrer Herrscher die Bevölkerung einst zu stehen kamen, so solide ist die Basis des Tourismus im Loire-Tal dank dieser königlichen Hinterlassenschaft. Doch sicherlich liegt es nicht nur daran, dass das „Tal der Könige" immer als Inbegriff Frankreichs galt. Die zentral gelegene Region – heute *Centre – Val de Loire* – war die Wiege der Valois-Dynastie. Im Norden grenzt das Gebiet an die Ile-de-France. Von hier aus ist Paris nicht so weit, dass die Loire-Anrainer so leicht in Vergessenheit geraten könnten, wie dies Bewohner der peripheren Regionen stets befürchten. Die Touraine behauptet außerdem von sich, dass rund um Tours das reinste Französisch gesprochen würde.

Ungefähr ein Drittel der Bevölkerung in den Regionen Centre – Val de Loire und Pays de la Loire leben noch in ländlichen Kommunen, wo eine recht konservative Einstellung weit verbreitet ist. In den ländlichen Gebieten der Regionen liegt die Bevölkerungsdichte deutlich unter dem nationalen Durchschnitt von knapp 100 Einw./km². So bilden die Landwirtschaftsausstellungen, wo die Prämierung von Zuchtbullen, Reitpferden und Rammlern immer noch ein enormes Echo findet, einen verblüffenden Kontrast zu modernen Industrieanlagen, Forschungszentren und dampfenden Atommeilern.

Heimatverbundenheit

Die Schriftstellerin Georges Sand drückte ihre Zuneigung zum Berry einmal so aus: „Lieber eine Brennessel in meiner Heimat als eine schöne Eiche in jedem anderen Land." Mag dieser Satz stellvertretend für weite Teile der Bevölkerung stehen, die der Heimat aufs engste verbunden sind.

Wirtschaft

Rund zwei Drittel des Bodens im Tal der Loire werden land- und forstwirtschaftlich genutzt. Neben Getreide, Wein und Obst kultiviert man auch

Gemüse. In der Touraine lässt der kalkhaltige Untergrund edle Weine gedeihen. Weitere Anbaugebiete sind das Berry im Osten, das Anjou und die Gegend um Nantes. Auf über 70 000 ha Fläche produzieren die Winzer durchschnittlich 4 Mio. Hektoliter Rebensaft. In der Gegend um Saumur werden in künstlich angelegten Kalksteinhöhlen Champignons gezüchtet.

Zweifelhafte Symbole der modernen Industrie sind die vier Kernkraftwerke in Belleville-sur-Loire südlich von Briare, Dampierre bei Gien, St-Laurent-des-Eaux bei Blois und die älteste französische Anlage in Avoine bei Chinon. Sie produzieren etwa 25 % des Nuklearstroms, seit sich Paris für den Ausbau der Atomindustrie entschied.

Standorte von Maschinenfabriken, der Textil-, Glas- und Pharmaindustrie, konzentrieren sich rund um Tours, Orléans und Bourges, das seit Jahrzehnten Sitz der Rüstungsindustrie ist.

Die Loire selbst, die einmal eine wichtige Handelsstraße war, spielt für die Schifffahrt kaum noch eine Rolle.

Politik und Verwaltung

Nachdem Frankreich administrativ bis 1789 in 34 Provinzen aufgeteilt war, entstanden mit der Französischen Revolution die Départements, von denen heute 95 existieren. Sie wiederum wurden 1972 in 22 Regionen zusammengefasst. Das Loire-Tal erstreckt sich über zwei dieser Regionen.

In der Region *Centre – Val de Loire* durchfließt die Loire von Ost nach West die Départements Loiret, Loir-et-Cher und Indre-et-Loire. Im Südosten bildet sie am Rand des Département Cher die Grenze zu Burgund. Das Département Indre im Süden wird in diesem Führer noch teilweise berücksichtigt. In der Region *Pays de la Loire* schließen sich die Départements Maine-et-Loire und Loire-Atlantique an, die drei weiteren der Region werden hier nicht vorgestellt.

4 Mio. Hektoliter Wein werden entlang der Loire gekeltert

Ein Treffpunkt ist die Landwirtschaftsausstellung in Chissay

Geschichte im Überblick

58–52 v. Chr. Gallien kommt nach der Eroberung durch Julius Cäsar unter römische Herrschaft.

4.–7. Jh. n. Chr. Christianisierung des im ausgehenden 5. Jh. begründeten Fränkischen Reichs. 371–397 ist der hl. Martin Bischof von Tours.

Ende 6. Jh. Gregor von Tours schreibt seine „Geschichte der Franken".

Um 651 Gründung der heutigen Abtei St-Benoît-sur-Loire.

9. Jh. Normannen fahren mit ihren Schiffen die Loire hinauf und überfallen u. a. Angers und Tours.

987 Mit der Königskrönung von Hugues Capet beginnt die Regierungszeit der Kapetinger, die nicht nur in Paris und Chartres, sondern auch in Orléans residieren.

1099 Gründung des Klosters Fontevraud.

1152 Nach ihrer Scheidung von König Louis VII heiratet Eleonore von Aquitanien Henri II Plantagenêt, der von 1154 bis zu seinem Tod 1189 König von England ist.

1202 Der französische König Philippe II Auguste erobert das Anjou.

1337–1453 Im Hundertjährigen Krieg zwischen Frankreich und England ist das Loire-Gebiet hart umkämpft.

1356 Edward III. von England dringt bis ins Tal der Loire vor.

1429 Jeanne d'Arc befreit das von den Engländern belagerte Orléans.

1491 Mit der Heirat von Charles VIII und Anne de Bretagne in Langeais wird das bis dahin selbständige Herzogtum Bretagne französisch.

1494 Geburt von François Rabelais bei Chinon.

1515 Leonardo da Vinci folgt einer Einladung von König Louis XII nach Blois.

1560 Die protestantische „Verschwörung von Amboise" misslingt.

1562 Eskalation der Religionskriege, die im Loire-Tal schwere Verwüstungen anrichten.

1588 Henri III lässt im Schloss von Blois den Herzog Henri de Guise und dessen Bruder ermorden.

1598 Henri IV erlässt das Edikt von Nantes, das den Protestanten eingeschränkte Religionsfreiheit gewährt. Unter Henri IV verliert das Loire-Tal seine Rolle als bevorzugter Aufenthaltsort des Hofes.

1685 Aufhebung des Edikts von Nantes. Die Auswanderung der Protestanten schädigt die französische Wirtschaft, wovon auch die Städte entlang der Loire betroffen sind.

1832 Das erste Dampfschiff befährt den Fluss.

1940–1944 Bombardierung vieler Städte an der Loire durch deutsche, später auch durch alliierte Truppen.

1944 US-Truppen rücken im Loire-Tal vor.

1954 Im Schloss von Angers wird das eigens für den Teppichzyklus der Apokalypse gebaute Gebäude eingeweiht.

1963 Mit Chinon A geht das erste französische Kernkraftwerk ans Netz.

1974 Fertigstellung der Autobahn Paris–Tours.

1989 Die Loire-Region wird an das Netz der Hochgeschwindigkeitszüge *TGV* angeschlossen.

1999 Auf der Insel Noirmoutier wird der neue, unterhaltsame Meerespark Sealand eröffnet.

Der Hundertjährige Krieg

Im 14. und 15. Jh. war das Loire-Gebiet Schauplatz einer lang anhaltenden Auseinandersetzung zwischen England und Frankreich, die als Hundertjähriger Krieg in die Geschichte einging. Ursache für diesen Konflikt war das Erlöschen der Kapetinger-Dynastie mit dem Tod von Charles IV im Jahr 1328. Als sein Vetter Philippe de Valois in seine Fußstapfen trat, erhob Edward III. von England, ein Enkel des verstorbenen Königs, ebenfalls Anspruch auf den französischen Thron. 1346 setzte er mit seinen Truppen über den Ärmelkanal und landete auf der Halbinsel Cotentin in der Normandie. Damit begann der Krieg, der mit einigen Unterbrechungen bis 1453 dauerte.

Im Jahr 1356 drang der *Schwarze Prinz*, der Sohn Edwards III., bis an die Loire vor und brachte den gegnerischen Truppen bei Poitiers eine schwere Niederlage bei. Im 1360 unterzeichneten Vertrag von Brétigny musste der französische König unter der Bedingung, dass Edward seine Ansprüche auf die Krone aufgab, den gesamten Südwesten des Landes abtreten.

Doch nicht nur militärische Niederlagen und dadurch verursachte herbe Gebietsverluste machten Frankreich während des Hundertjährigen Krieges schwer zu schaffen. Marodierende Söldnertruppen zogen plündernd und brandschatzend durchs Land. Sowohl die direkten Kriegseinwirkungen als auch Seuchen und Hungersnöte, dezimierten die Bevölkerung.

Die Wende im Kriegsgeschehen brachte aber erst das Eingreifen von Jeanne d'Arc 1429 vor dem belagerten Orléans (S. 26). Ein Ende fanden die Auseinandersetzungen um die Mitte des 15. Jhs. nach dem Sieg der Franzosen 1453 in Castillon an der Dordogne.

Bis auf Calais war das Land damals zurückerobert. 1475 schworen sich Edward IV. und Louis XI, Unstimmigkeiten in Zukunft politisch zu regeln.

Der Hundertjährige Krieg in der Chronik des Jean Froissart

„Einzug der Jeanne d'Arc in Orléans" von J.-J. Scherrer

Das Denkmal zur Erinnerung an die Landung der alliierten Truppen

Kultur gestern und heute

Die Frühzeit

Die menschliche Besiedlung reicht im Tal der Loire und seiner Umgebung bis weit in die Steinzeit zurück. Besser fassbar werden die frühen Kulturen ab dem 5. Jt. v. Chr.: Nachweislich wurden während dieses Zeitraums viele Bevölkerungsgruppen sesshaft. Mitten in der Küstenstadt St-Nazaire steht ein beeindruckendes Relikt dieser Zeit, das stellvertretend für viele Denkmäler dieser Art entlang der Loire genannt sein soll. Besucher können dort einen *Dolmen* besichtigen, der aus zwei über 2 m hohen Tragsteinen und einem Deckstein besteht, der über 7 t wiegt. Das zylindrische Loch im Deckstein ist ein Hinweis darauf, dass dieses Monument der Megalithzeit später von den ersten Christen genutzt wurde: In diese Öffnung dürfte ein eisernes Kreuz gesteckt worden sein.

Andere in der Region gefundene Dolmen sehen ganz ähnlich aus. Die aufwändigen Bauten dienten ursprünglich wohl meistens als Sammelgräber und waren unter einem Erdhügel versteckt. Es gibt verschiedene Typen derartiger Anlagen: Sie können aus einer oder mehreren Kammern, mit oder ohne Gang davor bestehen. Neben dem Dolmen in St-Nazaire steht ein *Menhir,* ein aufgerichteter Langstein. Dieses Steinmonument ist gut 4 m hoch und wiegt 5 t. Damit zählt es zu den kleineren Exemplaren, da schon bis zu 20 m hohe Menhire gefunden wurden.

Fast nur noch in Museen sind die Reste der gallischen und der gallorömischen Kultur im Loire-Tal zu finden. Bourges, die Hauptstadt eines mächtigen Keltenstamms, war schon vor der römischen Besetzung eine bedeutende Ansiedlung. Angers, Tours und Orléans gehen auf römische Gründungen zurück.

Das Mittelalter

Trotz Invasionen und fürchterlicher Zerstörungen war das Frühmittelalter auch eine glanzvolle Zeit für diese Gegend. Die Christianisierung, deren Zentren die alten Römerstädte waren, setzte schon im 2. Jh. ein. Einer der berühmtesten Missionare Galliens war der hl. Martin, Bischof von Tours. Er starb 397 in Candes an der Loire. Sein Grab in Tours wurde rasch ein vielbesuchtes Pilgerziel. Abt des Martinsklosters war u. a. Alkuin, der Berater Karls des Großen und Leiter der Aachener Hofschule. Er richtete an St-Martin eine Klosterschule mit einer Schreibstube ein, die schon bald für ihre Handschriften berühmt war. Mit ihr wetteiferte das Skriptorium der im 7. Jh. gegründeten Abtei Fleury, des heutigen St-Benoît-sur-Loire. Sein damaliger Abt, Theodulf, Bischof von Orléans, gehörte als Kanzler und Berater Karls des Großen ebenfalls zu den führenden Köpfen der Zeit.

Romanik

Während mit der Martinskirche von Tours eine der ganz großen Wallfahrtskirchen der Romanik verloren ging, blieb die Abteikirche von Fleury/St-Benoît-sur Loire erhalten. Sie gehört neben den Sakralbauten in Fontevraud und Cunault zu den herausragenden romanischen Denkmälern der Region. Die Kapitelle der Vorhalle der Klosterkirche von St-Benoît zählen zu den schönsten Arbeiten der frühen Romanik in Frankreich. Die Bildhauer orientierten sich formal am korinthischen Kapitell der Antike. Doch schufen sie nicht nur Blattkapitelle, sondern stellten neben Figuren, Menschen oder Tieren auch biblische Szenen dar.

Zu den Raritäten gehören die erhaltenen romanischen Fresken. In der Krypta der Kirche von St-Aignan-sur-Cher schmückt eine Darstellung des thronenden Christus das Gewölbe. Auch die Dorfkirche von Lavardin besitzt sehenswerte Wandmalereien.

Plantagenêt-Stil

Eine regionale Besonderheit im Anjou ist der sogenannte Plantagenèt-Stil zur Zeit der ausgehenden Romanik und frühen Gotik. Er zeichnet sich v. a. durch überhöhte Gewölbe aus, die wie aneinandergereihte Kuppeln aussehen. Es ist naheliegend, darin eine Anwendung des damals modernen, gotischen Kreuzrippengewölbes auf die aquitanischen Kuppelkirchen zu sehen. Das bekannteste Beispiel für diesen Stil ist die Kathedrale St-Maurice in Angers. Dem Vorbild der aquitanischen Kuppelkirche folgt die Klosterkirche von Fontevraud im Anjou, in der sich die Grablege der Plantagenêts befindet.

Die gotische Westfassade der Kathedrale von Tours

Gotik

Die Gotik wurde in der Ile-de-France entwickelt und breitete sich von dort aus. Zu den schönsten gotischen Kathedralen in ganz Frankreich gehört St-Etienne in Bourges, die im wesentlichen zwischen 1200 und 1260 entstand. Der Verzicht auf ein Querhaus und das Emporengeschoss zeigt das Bemühen um die Vereinheitlichung des Gesamtraums. Während Bourges im großen und ganzen das Bild einer hochgotischen Kathedrale vermittelt, lassen sich in St-Gatien in Tours gut die verschiedenen Entwicklungsstufen der Gotik betrachten. Ein einzigartiges Kunstwerk der Spätgotik ist die Apokalypse von Angers (S. 42), ein Teppichzyklus, der um 1370 von Herzog Louis Ier d'Anjou in Auftrag gegeben worden war.

Dolmen mitten in der Küstenstadt St-Nazaire

Das Tal der Schlösser

Im Verlauf des 15. Jhs. zeichnete sich nach und nach das Ende der Gotik ab. Nun gerieten verstärkt die Profanbauten in den Mittelpunkt des Interesses.

Louis XII hoch zu Ross an der Fassade des Schlosses von Blois

Seit 1420 war die französische Hauptstadt von den Engländern besetzt, so dass sich der spätere Charles VII mit seinem Hofstaat zunächst in Chinon an der Vienne niederließ. Seit damals war das Loire-Tal ein bevorzugter Aufenthaltsort der Könige. Paris wurde nie aus den Augen verloren, doch war den Königen aufgrund der politischen Verhältnisse ein Aufenthalt in der Hauptstadt oft schlicht unmöglich.

An der Loire wurde jetzt jedenfalls der des Hofs würdige architektonische Rahmen geschaffen. Allmählich wichen die wehrhaften Elemente der Burgen dem Komfort der Schlösser. Die schützenden Wassergräben verschwanden, und selbst mit Pechnasen und Schießscharten ausgestattete Wehrgänge hatten nur noch dekorativen Charakter.

Mit dem Bau von Schloss Chambord, der mit über 400 Räumen größten Anlage an der Loire, setzte sich François Ier sein eigenes Denkmal. Gleichzeitig wurden die Residenzen in Blois und Amboise weiter ausgebaut. Die königlichen Bauvorhaben gaben natürlich das Vorbild für den Adel ab: So stehen die Schlösser der Staatsdiener und Hofleute – beispielsweise Azay-le-Rideau, Villandry und ursprünglich auch Chenonceau – jenen des Königs in ihrer architekturgeschichtlichen Bedeutung kaum nach.

Mit der Regierungszeit von François Ier endete die große Ära der Loire-Schlösser. Zwar wurde noch an Begonnenem weitergebaut, doch der Höhepunkt war überschritten. Mit Henri IV erhielt Paris wieder seine Bedeutung als wichtigster Regierungssitz zurück. Herausragende Bauprojekte wie Cheverny, Ménars und Montgeoffroy haben im 17. und auch im 18. Jh. Seltenheitswert.

Architektur im Stil der Renaissance

Auf ihren Feldzügen nach Italien hatten die Könige den Stil der Renaissance kennen- und schätzengelernt. Sie ließen italienische Architekten und Handwerker an die Loire kommen, die ihren Schlössern Ausgewogenheit und Symmetrie, eine überschaubare Raumdisposition und den Fassaden eine klare Gliederung geben sollten. Da jedoch auch die lokalen Traditionen weiterwirkten, entwickelte sich allmählich eine eigenständige, französische Architektur. Inbegriff des französischen Renaissanceherrschers ist François Ier, der Leonardo da Vinci zum Umzug nach Frankreich bewegte und ihm einen Landsitz in Cloux bei Amboise schenkte.

Malerei und Bildhauerkunst

Nicht nur die Architektur erlebte durch die Bedürfnisse des Hofs einen Aufschwung, auch Malerei und Skulptur profitierten von seinen Aufträgen. Zu den bedeutendsten französischen Malern des 15. Jhs. zählt *Jean Fouquet* (um 1420 bis etwa 1481), der in Tours aufwuchs. Für König Charles VII schuf er ein heute im Louvre ausgestelltes Bild der Muttergottes, die die Züge der Agnès Sorel tragen soll, der Geliebten des Königs. *Jean Bourdichon* (um 1457–1521) beschäftigte sich am Hof von Anne de Bretagne hauptsächlich mit Miniaturen und Porträts. *Jean Clouet* (um 1485–1540/41), dessen Bleistiftzeichnungen berühmt wurden, genoss unter François Ier ungeteilten Ruhm. Seine durch eine scharfe Beobachtungsgabe gekennzeichneten Porträts gehören zu seinen besten Werken.

Neue Impulse erhielt die französische Malerei um 1530, als der Florentiner Rosso und ein Jahr später Francesco Primaticcio aus Bologna dem Ruf François' Ier folgten. Sie arbeiteten vorrangig am Schloss Fontainebleau in der Ile-de-France, begründeten hier jedoch eine ganze Malerschule, die großen Einfluss ausübte.

Unter den einheimischen Bildhauern brachte es vor allem *Michel Colombe* (um 1430 bis etwa 1512) zu Ansehen. Auch er vollzog im Lauf seines Werks den Übergang von der Gotik zur Renaissance. In den Kathedralen von Tours und Nantes stehen bedeutende Grabmäler von Colombe.

Literatur

Nicht nur angenehme Erinnerungen dürfte *François Villon* (1431–1463), der bedeutende französische Lyriker der vorklassizistischen Zeit, ans Loire-Tal gehabt haben. Er wuchs in äußerst bescheidenen Verhältnissen auf, konnte aber dennoch als Protegé eines Geistlichen in Paris studieren. Zeitlebens hatte er ein Faible für Existenzen am Rand der menschlichen Gesellschaft wie Gaukler und Gauner, Huren und Räuber. Für zahlreiche seiner Balladen bediente er sich der damaligen Gaunersprache. Ein ungezügelter Lebenswandel brachte den Dichter mehrmals ins Gefängnis, so auch 1461 in Meung-sur-Loire. Durch den Einfluss seiner Freunde wurde der zum Tode verurteilte noch rechtzeitig begnadigt.

Zu den Dichtern der Renaissance gehört *François Rabelais* (1494–1553) aus der Touraine. Er ging mit dem Roman „Gargantua und Pantagruel" in die Literaturgeschichte ein. Wortgewaltig und nicht sehr zurückhaltend beschreibt er die Abenteuer des Riesen Gargantua und seines weinverliebten Sohns Pantagruel.

In der Nähe von Vendôme kam der spätere Hofdichter der Valois-Könige, *Pierre de Ronsard* (1525–1585), zur Welt. Er war der Kopf einer Dichterschule, die sich *La Pléiade* nannte. Ronsard verfasste hauptsächlich an der Antike und Petrarca orientierte Hymnenen und Gedichte. Er sah den Dichter als Führer und Berater der Herrschenden und wollte Frankreich zu einem Nationalepos verhelfen, was ihm jedoch nicht gelang. Seine Gebeine

Leonardo da Vinci wurde von François Ier an die Loire geholt

Der prächtige Eingang zum Wasserschloss Azay-le-Rideau

Der Lyriker François Villon

wurden durch Zufall 1933 im Priorat St-Cosme in Tours gefunden, dessen Probst Ronsard war.

Honoré de Balzac (1799–1850) kam in Tours zur Welt, wuchs in Vendôme auf und machte sich als Beobachter des Alltagslebens einen Namen. Als sein bedeutendstes, wenn auch unvollendet gebliebenes Werk gilt die „Menschliche Komödie“, die ab 1831 erschien und ein bestechendes Sittengemälde der französischen Gesellschaft entwirft. Nicht zu Unrecht gilt der arbeitswütige Balzac als Begründer des soziologischen Realismus im modernen Roman.

Festkalender

Januar: Angoulême: Comicfestival.

Februar/März: Karneval in Jargeau.

Mai: Jeanne-d'Arc-Fest in Orléans mit großen Militärparaden und Prozessionen; Chanson-Festival in Bourges; Fest der Chöre in Tours.

Juni: Internationale Konzerte klassischer Musik in Grange-de-Meslay bei Tours.

Juli: Großes Pferdefest in Saumur mit Auftritten der Elitetruppe *Cadre Noir;* diverse Festspiele auf den Schlössern des Anjou; Musik- und Theaterfestival in Nantes; Musikalisches Theaterfest in Loches; Knoblauch- und Basilikumfest in Tours.

August: Mittelalterlicher Markt der Handwerker, Gaukler und Musikanten in Chinon; Hafenfest in Châteauneuf-sur-Loire.

September: Apfelfest in Amboise.

Oktober: Apfelfest in Azay-le-Rideau.

November: St.-Hubertus-Fest in Sully-sur-Loire.

Dezember: Weihnachtliche Veranstaltungen in der Kirche von St-Benoît-sur-Loire.

Essen und Trinken

Das Loire-Tal besitzt mit der romanischen Klosterküche von Fontevraud nicht nur eines der schönsten Gebäude dieser Art in der Architekturgeschichte, sondern es verfügt auch über eine lange gastronomische Tradition. Seit eh und je bedient sich die Region der Zutaten, die sich sozusagen vor der Haustür finden: den Fischen der Loire und ihrer Nebenflüsse, Wild aus den ausgedehnten Forsten der Sologne sowie Fleisch von Charolais-Rindern.

Eine beliebte Vorspeise ist die im Département Cher servierte Salade de Cher aus grünem Salat, Tomaten, Nüssen, Äpfeln und Ziegenkäse. In der Touraine und im Anjou kommt Matelote d'Anguille auf den Tisch. Dabei handelt es sich um ein in Rotwein gegartes Aalragout. Fischgerichte werden überhaupt sehr geschätzt. Im Anjou gehört zu einem Süßwasserfisch die Beurre blanc, eine schaumig geschlagene und

Regionale Köstlichkeiten

Eine kulinarische Offenbarung ist *Beuchelle Tourangelle,* ein Gericht aus Kalbsnieren und Kalbsbries mit frischen Steinpilzen, das Kalorienzähler wegen des üppigen Gebrauchs von Sahne zusammenschrecken lässt.

Bei den Nachspeisen steht die *Tarte Tatin,* ein Apfelkuchen mit karamelisiertem Guss, auch außerhalb des Orléanais, wo die duftende Verführung erstmals auf den Tisch kam, hoch im Kurs.

mit einem trockenen Weißwein abgeschmeckte helle Buttersoße.

Als Brotaufstrich erfreuen sich *Rillettes* großer Beliebtheit. Diese Fleischpasteten werden in den einzelnen Gebieten auf unterschiedliche Weise hergestellt.

Je weiter man nach Westen kommt, umso eindeutiger wird die Speisekarte von der nahen Bretagne und dem Angebot des Atlantiks an Fisch und Meeresfrüchten geprägt. *Lotte à l'Armoricaine* besteht aus zartem Teufelsfisch, der mit Calvados flambiert und mit Tomatenpüree serviert wird. Jakobsmuscheln werden an der Antlantikküste häufig auf die bretonische Art zubereitet, d. h. zusammen mit glasig gedünsteten Zwiebeln in Wein gegart und anschließend in den Schalen mit Semmelbröseln überstreut und unter Zugabe von etwas Bouillon sowie Petersilie im Ofen gebräunt.

Die unterschiedliche Beschaffenheit der Böden und die auf kleinem Raum wechselnden klimatischen Bedingungen lassen im Loire-Tal viele unterschiedliche Rebsorten gedeihen. Bei den Weißweinen überwiegen im Anjou und in der Touraine der *Chenin blanc (Pineau de la Loire)*. In jüngerer Zeit sind auch Chardonnay- und Sauvignonreben hinzugekommen, da heutzutage den trockenen Weinen der Vorzug gegeben wird. Die Hälfte der Produktion besteht aus Rotwein, während Rosé offenbar immer weniger gefragt ist. Der *Cabernet de Touraine* zeichnet sich durch seine Fruchtigkeit aus, während *Gamay de Touraine* Ähnlichkeit mit dem Beaujolais hat.

An der Atlantikküste wird zu Fisch und Meeresfrüchten gerne der herbe, leichte Weißwein *Muscadet* serviert, den die Flaschenetiketten häufig als „sur lie" ausweisen. Dies bedeutet, dass der Wein nach der Gärung auf der Hefe – *sur lie* – ruht und nicht, wie es sonst häufig der Fall ist, in neue Tanks umgefüllt wird. Dadurch werden die empfindlichen „Tropfen" vor der Oxidation bewahrt.

Der Schriftsteller Honoré de Balzac wuchs in Vendôme auf

Die Schornsteine des Küchengebäudes der Abtei Fontevraud

Bäckerei in Saumur

Unterkunft

Das Loire-Tal bietet Unterkünfte vom Schloss über moderne Hotels bis zum Privatzimmer. Durch ein blaues Schild mit einem weißen H gekennzeichnete Hotels unterliegen der Kontrolle durch die Tourismusbehörde und werden in fünf Kategorien eingeteilt. In diesem Reiseführer werden die Hotels in drei Preiskategorien eingeteilt.

Ein Verzeichnis sämtlicher Hotels der Region bekommt man bei den regionalen Tourismusbüros (S. 93).

Schlösser und Herrenhäuser

Viele derartige Gebäude sind inzwischen in Hotels umgebaut.

Relais & Châteaux, 9, av. Marceau, F-75116 Paris, ☎ 01 45 72 96 50, FAX 01 45 72 96 69; **Châteaux et Hôtels de France,** 12, rue Auber, F-75005 Paris, ☎ 01 40 07 00 20, FAX 01 40 07 00 30.

Ibis

Die *Ibis-Kette* verfügt zusammen mit ihren in den Stadtzentren gelegenen Häusern, den „Urbis"-Hotels, über insgesamt 200 Niederlassungen. Geboten wird Zwei-Sterne-Komfort mit Bad und WC, Radio, Farbfernseher und Telefon. Das reichhaltige Frühstücksbuffet steht für Frühaufsteher ab 6.30 Uhr zur Verfügung. Kinder unter acht Jahren schlafen kostenlos im Zimmer der Eltern. Die meisten der Ibis-Hotels sind auf Behinderte eingestellt.

Reservierung über **Resinter,** ☎ 0 61/96 48 38 00, FAX 69 48 38 17.

Climat de France

Typisch für diese 2-Sterne-Hotelkette ist der familiäre Charakter. Im Preis inbegriffen ist ein Führstücksbuffet. Die Hotels liegen verkehrsgünstig. Dank eines automatischen Schlüsselabgabesystems können die Zimmer rund um die Uhr bezogen werden. Über die Agentur kann man ein Scheckheft mit elf Vouchers erwerben und diese statt Barbezahlung im jeweiligen Hotel verwenden.

stb-Reisen, Platter Str. 87, D-65232 Taunusstein, ☎ 0 61 28/98 25 13–14, FAX 98 25 15.

Relais du Silence

Häuser mit gehobenem Komfort in reizvoller, absolut ruhiger Umgebung:

Relais du Silence, 2, passage Du-Guesclin, F-75015 Paris, ☎ 01 44 49 90 00, FAX 01 40 65 90 09.

Première Classe

Diese Niedrigpreishotels sind nur mit dem Notwendigsten ausgestattet.

Première Classe, 31, av. Jean-Moulin, 77200 Torcy, ☎ 08 36 68 81 23 (nur innerhalb Frankreichs).

Ferienwohnungen

Die französische Organisation *Logis de France* vermittelt Ferienwohnungen.

Kontaktadresse: Maison de la France, Postfach 10 01 28, D-60001 Frankfurt/M., ☎ 01 90/57 00 25, FAX 59 90 61.; Internet:http://logis-de-france.fr

Wohnungen oder Zimmer auf Bauernhöfen vermittelt u. a. *Relais Agriculture et Tourisme*, Rue de la Géraudière, F-44939 Nantes Cedex 9, ☎ 02 40 16 37 68, FAX 02 40 16 37 69.

Reisewege und Verkehrsmittel

Mit dem Flugzeug

Wichtigster Flughafen für alle europäischen Verbindungen ist Paris. In der Region wird Nantes von Air Inter und Air France von Paris aus angeflogen.

Über innerfranzösische Verbindungen informiert die Air France.

Mit der Bahn

Die Hochgeschwindigkeitszüge *TGV (Train à Grande Vitesse)* verkehren auf den Linien Paris–Nantes–Le Croisic, Paris–Vendôme–Tours und Lille–Rouen–Nantes–Poitiers–Tours. Reisende müssen vor Antritt der Fahrt reservieren und einen Zuschlag lösen. Beides lässt sich bis kurz vor der Abfahrt an den Automaten in den TGV-Bahnhöfen erledigen. Ist ein Zug ausgebucht, wird per Computer die nächstmögliche Verbindung vorgeschlagen.

Auskünfte über Ermäßigungen, die schon im Heimatland gelten, sind in Deutschland, Österreich und der Schweiz bei den Informationsstellen der größeren Bahnhöfe bzw. in Deutschland bei den DER-Reisebüros zu bekommen.

Mit dem Bus

Sowohl im Nah- als auch im Fernbereich verkehren Busse der Französischen Staatsbahn (SNCF) und privater Unternehmen.

Auskünfte erteilen die regionalen Fremdenverkehrsämter.

Das Hôtel de l'Abeille in Orléans

Gemütlich wirken die Häuser auf der Ile de Fedrun

Hinweisschild auf ein Routiers-Restaurant an der Route J.-Cœur

Mit dem Auto

Bei kürzeren Teilstücken sollte die Maut in bar bezahlt werden, längere Strecken können auch mit gängigen Kreditkarten oder mit der Karte „télépeage“ (an den Mautstellen zu erhalten) beglichen werden.

Vor Antritt der Reise sollte man sich den Auslandsschutzbrief (Autoklubs oder Versicherungen) besorgen, damit eventuelle Kosten bei Krankheit, Unfall und Diebstahl abgedeckt sind.

Abgesehen vom nationalen Führer- und Kraftfahrzeugschein empfiehlt sich die Mitnahme der grünen Versicherungskarte.

i Auskünfte, vor allem über abweichende Verkehrsvorschriften, geben folgende Automobilklubs: **ADAC:** alle ADAC-Geschäftsstellen; **ÖAMTC:** Schubertring 1–3, A-1010 Wien; **ACS:** Wasserwerksgasse 39, CH-3000 Bern 13.

Straßenhilfsdienst

Auf Autobahnen kann Pannenhilfe über die Notrufsäulen angefordert werden, auf Landstraßen, in Ortschaften und Städten über den Polizeinotruf *(Police Secours)*, ☎ 17. Pannenhilfe kann kostenlos unter ☎ 08 00 08 92 22 der *AIT Assistance* überall, außer auf Autobahnen, rund um die Uhr in deutscher Sprache herbeigerufen werden.

Zusätzlich hat der ADAC ganzjährig einen deutschsprachigen Notrufdienst eingerichtet: ☎ 01 45 00 42 95.

Tempolimit / Radarfallen

Innerhalb geschlossener Ortschaften gilt eine Geschwindigkeitsbegrenzung von 50 km/h, auf Landstraßen 90 km/h, auf Schnellstraßen 110 km/h und auf Autobahnen 130 km/h. Temposünder werden mit Beträgen zwischen 900 und 3000 FF zur Kasse gebeten. Kassiert wird vor Ort. Ausländer können auf kein Pardon hoffen.

Urlaub aktiv

Radfahren

Das relativ flache Gelände im Loire-Tal mit vielen kleinen, von Autos wenig befahrenen Nebenstraßen ist für Radtouren geradezu ideal. Veranstalter bieten Reisen an, die Radtransport und Unterkunft einschließen (Auskünfte bei Reisebüros). Wer die Gegend auf eigene Faust erkunden möchte, kann bei den regionalen Verkehrsämtern (S. 93) spezielles Informationsmaterial anfordern.

Wandern

Dem gesamten Flusslauf bis zur Mündung folgen der markierte Fernwanderweg GR 3 (= *Grande Randonnée*) und seine Nebenpfade. Führer sind im Zeitschriften- und Buchhandel erhältlich.

i **Centre d'information sentiers et randonnées,** 64, rue de Gergovie, F-75014 Paris, ☎ 01 45 45 31 02, FAX 01 43 95 68 07 oder 02 48 67 01 44.

Wassersport

Die Loire und ihre Nebenflüsse eignen sich auch zum Paddeln, Kajak- und Kanufahren. Auf verschiedenen Seen kann man segeln und surfen.

i Informationen erhältlich beim regionalen Verkehrsamt **Centre – Val de Loire** (S. 93).

Helikopterflüge

Wer das Berry aus der Vogelperspektive erleben will, kann in Bourges Helikopter besteigen: Loisir-Accueil du Cher, 5, rue de Séraucourt, F-18000 Bourges, ☎ 02 48 67 01 38.

Das Jeanne-d'Arc-Denkmal auf der Place du Martroi in Orléans

La Chancellerie
La Chancellerie
La Chancellerie

Orléans

Seite 27

Historisches Tor zum Loire-Tal

Zwar sind seit der Befreiung Orléans während des Hundertjährigen Krieges knapp 600 Jahre vergangen, doch noch immer halten seine Bürger die französische Schutzheilige Jeanne d'Arc hoch in Ehren. 1429 hatte dieses blutjunge Mädchen die siebenmonatige englische Belagerung gebrochen. Mitten auf der zentralen Place du Martroi sitzt die Jungfrau in patinagrüner Rüstung hoch zu Ross. Um sie herum herrscht in den Straßencafés vor den eleganten Fassaden von Banken und Geschäften fast südländisches Flair. Orléans, heute eine der bedeutendsten Städte (243 000 Einw.) der Region, gibt sich angesichts seiner über 2000-jährigen Vergangenheit geschichts- und traditionsbewusst.

Stadtgeschichte

Wo heute der Stadtkern von Orléans liegt, dehnte sich schon in vorchristlicher Zeit die Siedlung eines gallischen Stammes aus. Im Jahr 52 v. Chr. rückten unter dem Kommando von Julius Cäsar stehende römische Legionäre gegen das Oppidum vor und machten es dem Erdboden gleich. Auf den Ruinen entstand ein Jahrhundert später das römische *Aurelianis*, das zu einem regionalen Zentrum heranwuchs. Um die Jahrtausendwende waren im alten Orléans nicht nur Wohlstand, sondern auch Geist und Kultur zu Hause. Dieser Reputation zollte die Stadt im Jahr 1305 Tribut, als ihre Rechtsschule zur Universität erhoben wurde.

Während der Religionskriege in der zweiten Hälfte des 16. Jhs. wechselte Orléans seine Konfession je nachdem, ob die Katholiken oder die Hugenotten an den Hebeln der Macht saßen. Eingebracht hat der Stadt diese Taktik jedoch nicht viel, denn als Zankapfel zwischen den Parteien wurde sie mehrfach belagert und teilweise zerstört.

Im 17. und 18. Jh. transportierten flache Frachtkähne von der Atlantikküste aus Übersee stammenden Rohrzucker die Loire hinauf in die Stadt. Hier wurde die Ware, bevor sie in Paris weiterverkauft wurde, in großen Raffinerien für den Verzehr bearbeitet. Die Blütezeit hielt bis ins 19. Jh. an, dann war die gewerbliche Flussschifffahrt auf der Loire oberhalb von Nantes der Konkurrenz der Eisenbahn nicht mehr gewachsen.

Place du Martroi ❶

Den Kern des Stadtzentrums bildet die gepflasterte und verkehrsberuhigte Place du Martroi mit dem unübersehbaren Reiterstandbild der Jeanne d'Arc. Der Bildhauer Denis Foyatier schuf die Bronzestatue 1855.

Schaufenster von gediegenen Modegeschäften säumen die Richtung Norden verlaufende, schnurgerade *Rue de la République*, die am Touristenbüro kurz vor dem Bahnhof endet. Das Viertel rund um die **Place Albert Ier** wurde jüngst neu gestaltet.

Jungfrau von Orléans

Orléans' wahrhaft große Stunde schlug im Hundertjährigen Krieg, als Jeanne d'Arc die Truppen des Dauphin Charles in die Stadt führte und die englischen Belagerer in die Flucht schlug. Mit der Befreiung von Orléans leitete die damals etwa Siebzehnjährige die Wende in der seit Generationen andauernden Fehde zwischen England und Frankreich ein, in der sich das Kriegsglück letzten Endes auf die Seite der Franzosen schlug.

Nach dem Abriss älterer Häuserzeilen entstand an der Place Albert 1er ein Einkaufszentrum mit Supermärkten und Einzelhandelsläden.

Die zur Loire führende, arkadengesäumte **Rue Royale** wurde um 1755 zusammen mit dem Pont George V angelegt.

Im Schatten der Kathedrale

An der weiter östlich gelegenen *Place de l'Etape* residierte von 1790 bis 1982 der Bürgermeister im **Hôtel Groslot ❷**.

❶ Place du Martroi
❷ Hôtel Groslot
❸ Musée des Beaux-Arts
❹ Cathédrale Ste-Croix
❺ Salle des Thèses
❻ Hôtel des Créneaux
❼ Musée Historique et Archéologique de l'Orléanais
❽ Maison Jeanne d'Arc
❾ Hôtel Toutin

Seite 27

Das Gebäude entstand um die Mitte des 16. Jhs. und wird dem Architekten Androuet du Cerceau zugeschrieben. Aber erst 300 Jahre später erhielt der aus Naturstein und Ziegeln erbaute Renaissancekomplex nach Plänen von Albert Delton durch Hinzufügung der beiden Flügel sein heutiges Aussehen.

Seite 27

Hinter dem Gebäude dehnt sich der kleine Rathausgarten aus, eine beschauliche Oase mit einer Vielzahl unterschiedlicher Büsche und Bäume, in der man sich eine Weile ausruhen kann. In der Parkanlage steht die noch aus zwei Arkadenbögen bestehende Fassade der ehemaligen Kapelle *St-Jacques*. Dieses im 15. Jh. errichtete Gotteshaus war eine der Stationen der Pilger auf ihrem Weg nach Santiago de Compostela im fernen Spanien zum Grab des hl. Jakobus. 1883 wurden die Reste der abgerissenen Kirche an diese Stelle gebracht.

Im * **Musée des Beaux-Arts** ❸ verteilen sich die äußerst interessanten Exponate auf fünf Stockwerke. Zwar wurde das Museum bereits 1823 gegründet, doch kommen die Kunstwerke erst seit 1984 in einem adäquaten Rahmen zur Geltung, nachdem das neue Gebäude neben der Kathedrale bezogen werden konnte. Die Sammlung besteht aus Werken der französischen, flämischen, niederländischen, italienischen und spanischen Malerei des 16. bis 20. Jhs. (🕓 tgl. außer Di 10–12, 14–18 Uhr).

Cathédrale Ste-Croix ❹

Nur einen Steinwurf vom Museum entfernt erheben sich die mächtigen Türme der Cathédrale Ste-Croix. Hier hatte der heilig gesprochene Bischof Evortius bereits im 4. Jh. eine erste Kirche errichten lassen. Im späten 13. Jh. wurde dann mit einem gotischen Neubau begonnen, dessen Chor 1329 fertiggestellt wurde. Dann mussten aber die Arbeiten wegen der Wirren des Hundertjährigen Krieges lange Zeit ruhen.

Die Kathedrale war noch nicht vollendet, als die Hugenotten 1658 die Querhauspfeiler zerstörten und damit praktisch die gesamte Kirche mit Ausnahme des Chorhaupts zum Einsturz brachten. Für den Wiederaufbau, der, was damals bemerkenswert war, in gotischen Formen erfolgte, setzte sich Henri IV ein. Gemeinsam mit seiner Schwiegermutter Katharina von Medici legte er 1601 den Grundstein. Auch der Sonnenkönig Louis XIV war noch mit diesem gewaltigen Projekt beschäftigt und hielt sich an den ursprünglichen Plan, so wenig zeitgemäß er auch war. Erst im 19. Jh. konnte Ste-Croix vollendet werden.

Wie kaum ein anderer Sakralbau Frankreichs gilt diese Kathedrale heute als nationales Symbol und als Denkmal für die wechselvolle Geschichte des Landes. 1909 bzw. 1920 fand in diesem Gotteshaus die Selig- bzw. Heiligsprechung der Jungfrau von Orléans statt. Einen Blick verdient das *Chorgestühl*. Seine hervorragenden, weniger anachronistischen Schnitzarbeiten stammen von Versailler Hofkünstlern.

Die Retterin von Orléans

Im Musée des Beaux-Arts in Orléans hängt ein über 100 Jahre altes Ölbild, auf dem der Künstler Jean-Jacques Scherrer den Einzug der Jeanne d'Arc in die von den Engländern befreite Stadt darstellte.

So sieht Frankreich seine Nationalheilige gerne: Im Sattel eines mit Lorbeer geschmückten Rosses, in der Hand eine weiße Fahne, die aus der Düsternis der Altstadtgasse wie eine Verheißung herausleuchtet.

Jeanne ist ganz Heldin, mit distanzierter Würde, den Blick seltsam entrückt. Aus dieser Sichtweise spricht das Pathos, mit dem die Einwohner der Stadt, ja das ganze Land, noch heute ihrer Schutzpatronin gedenken. Sie war es,

In Orléans existierte zwar schon im frühen 14. Jh. eine Universität, doch ist von ihren Gebäuden nichts mehr zu sehen. Ältester noch bestehender Teil ist die aus dem 15. Jh. stammende **Salle des Thèses** ❺ in der lebhaften, von kleineren Geschäften und Restaurants gesäumten *Rue de Bourgogne*. In der ehemaligen Bibliothek wälzte übrigens auch der Reformator Johannes Calvin einst die Bücher für sein Rechtsstudium.

Prunkraum im Hôtel Groslot

Seite 27

Rund um die Place Général-de-Gaulle

Das **Hôtel des Créneaux** ❻ diente bis zum Jahr 1790 der Stadtverwaltung, ehe es als Museum und schließlich als Musikkonservatorium genutzt wurde. Ältester Teil des Gebäudes ist der Ende des 15. Jhs. entstandene Turm, dessen Fundamente die alte Stadtmauer bildet.

Gleich in der Nachbarschaft steht das Hôtel Cabu, ein Re-

In der Cathédrale Ste-Croix wurde 1920 Jeanne d'Arc heilig gesprochen

die dem Widerstand gegen England neue Energie verlieh und die im Volk erstmals etwas entstehen ließ, was es bis dahin kaum gegeben hatte: ein Nationalgefühl.

Die Rolle von Jeanne d'Arc in der Endphase des Hundertjährigen Krieges ist umso erstaunlicher, als es sich bei ihr damals um ein siebzehnjähriges Mädchen von nicht gerade überdurchschnittlicher Bildung handelte.

Jeanne kam wahrscheinlich im Jahr 1412 im lothringischen Domrémy als Tochter wohlhabender Bauern zur Welt. Schon in jungen Jahren, so ihre Aussagen, forderten Stimmen sie auf, sich für den Kampf gegen die Engländer einzusetzen. Im Jahr 1429 trotzte sie dem Dauphin Charles ein kleines Heer ab, in dessen Begleitung sie nach Orléans zog und die lang andauernde Belagerung der Stadt sprengte.

Die Befreiung von Orléans schwächte nicht nur die englische Position, sondern leitete in der bereits seit Generationen geführten Auseinandersetzung eine entscheidende Wende ein.

So konnten die von neuem Kampfgeist beseelten französischen Truppen im Juni 1429 den Engländern in der Schlacht von Patay eine entscheidende Niederlage beibringen. Doch der Stern der Lothringerin sank auch rasch wieder: Sie geriet in Gefangenschaft und wurde wegen Hexerei und Ketzerei 1431 in Rouen in einem Schauprozess zum Tode auf dem Scheiterhaufen verurteilt.

naissancepalais, in das das * **Musée Historique et Archéologique de l'Orléanais** ❼ eingezogen ist.

Zu den kostbarsten Stücken gehören die aus Bronze gefertigten Tier- und Menschenfiguren aus gallorömischer Zeit, die 1861 bei Ausgrabungen in Neuvy-en-Sullias gefunden worden waren. Neben diesen archäologischen Schätzen stellt das Museum Kunsthandwerk aus der Zeit vom 17. bis zum 19. Jh. aus (🕓 tgl. außer Di 10–12, 14–18 Uhr).

Seite 27

Im Haus des Stadtkämmerers Jacques Boucher war Jeanne d'Arc vom 29. April bis zum 9. Mai 1429 zu Gast. Der **Maison Jeanne d'Arc** ❽ genannte Bau wurde im Krieg schwer beschädigt. 1965 entschloss sich die Stadt zu einer im großen und ganzen originalgetreuen Rekonstruktion.

Ein kleines Museum beschäftigt sich mit der Zeit des Hundertjährigen Krieges und stellt in mehreren Modellen die Belagerung von Orléans durch die Engländer und die Befreiung der Stadt dar.

Das Zeitalter der Renaissance besitzt im * **Hôtel Toutin** ❾ sein schönstes Denkmal. Das im Innenhof mit einem zweistöckigen Arkadengang geschmückte, aus zwei Trakten bestehende Anwesen entstand im Jahr 1540.

Der beste Aussichtspunkt auf Orléans liegt übrigens jenseits des *Pont George V* am südlichen Flussufer. Am späten Nachmittag spiegeln sich die vom letzten Licht des Tages beschienenen Türme der Kathedrale und die alten Hausdächer der Stadt im Fluss.

Praktische Hinweise

Office du Tourisme, Place Albert Ier, F-45000 Orléans, ☎ 02 38 24 05 05, FAX 02 38 54 49 84.

Orléans besitzt zwei Bahnhöfe. Die meisten Züge halten an beiden. Zentraler liegt die **Gare d'Orléans,** Place Albert Ier, ☎ 02 38 53 50 50.

Der Busbahnhof liegt in der Nähe des Gare d'Orléans, 2, rue Marcel-Proust. Innerstädtische Busse haben ihre zentrale Haltestelle ebenfalls beim Hauptbahnhof. Wer häufig mit öffentlichen Verkehrsmitteln unterwegs ist, löst am besten ein *Carnet* mit mehren Fahrscheinen oder ein Wochenticket.

Hôtel Mercure, 44, quai Barentin, ☎ 02 38 62 17 39, FAX 02 38 53 95 34. Luxusadresse mit Restaurant und Swimmingpool. ($$)

Hôtel Terminus, 40, rue de la République, ☎ 02 38 53 24 64, FAX 02 38 53 24 18. Traditionshotel gegenüber dem Bahnhof mit 50 Zimmern. ($$)

Hôtel de l'Abeille, 64, rue d'Alsace-Lorraine, ☎ 02 38 53 54 87, FAX 02 38 62 65 84. Zentral in Bahnhofsnähe, aber im stilleren Villenviertel gelegen; farbenfrohes Interieur. ($$)

Hôtel St-Martin, 52, bd A.-Martin, ☎ 02 38 62 47 47, FAX 02 38 81 13 28. Kleinere Unterkunft mit sauberen Zimmern ohne großen Komfort. ($)

Les Antiquaires, 2, rue au Lin, ☎ 02 38 53 52 35. Die Spitzenprodukte aus der Küche stellen mit Fisch aus der Loire und regionalen Weinen auch verwöhnte Gaumen zufrieden. ($$)

La Poutrière, 8, rue de la Brèche, ☎ 02 38 66 02 30. Zu den Spezialitäten des Hauses zählt bretonischer Hummer, der mit Whiskey flambiert wird. ($$)

Restaurant des Plantes, 44, rue Trudelle, ☎ 02 38 56 65 55. Zu den Köstlichkeiten gehört Schneckenfrikassee mit Tomaten. ($$)

Brasserie Lyonnaise, 82, rue Turcies. Keine großen Feinschmeckergerichte, aber gute Kost für wenig Geld. ($)

Tipp **Radtour:** Vom Pont George V führt der *Circuit de deux Ponts* direkt am Loire-Ufer entlang über Jargeaux nach Châteauneuf-sur-Loire.

** Bourges

Seite 33

Liebesgrüße aus dem Mittelalter

Krumme Pflasterstraßen winden sich um die vom Alter gebeugten Fachwerkfassaden des Stadtkerns von Bourges, der Hauptstadt des historischen Herzogtums Berry. Gotische Erker und Türmchen machen aus Bürgerhäusern wehrhafte Miniaturburgen und über die bröckeligen Mauern düsterer Innenhöfe kriecht Efeu. Die Altstadt weckt mit solchen Motiven Erinnerungen an das 15. Jh., als Bourges für fünfzehn Jahre sogar die Hauptstadt eines wenn auch ziemlich geschwächten Frankreich war. Jacques Cœur, Kaufmann und Financier des Kronprinzen Charles, baute damals von Bourges aus sein ausgedehntes Handelsimperium auf. Heute präsentiert sich der 76 000 Einwohner zählende Verwaltungssitz des Département Cher als lebhafte Stadt mit mittelalterlichem Flair, in dem vor allem der stinkende und lärmende Autoverkehr des ausgehenden 20. Jhs. den vollen Genuss eines Spaziergangs trübt.

Die Fassade der Salle des Thèses an der Rue du Pothier in Orléans

Fenster im Chorumgang der Kathedrale von Bourges

Stadtgeschichte

Schon vor rund zweieinhalb Jahrtausenden war das damalige *Avaricum* eine bedeutende Handelsstadt. 52 v. Chr. belagerte Cäsar die Hauptstadt der keltischen Bituriger und zerstörte sie nahezu vollständig.

Unter Kaiser Augustus wurde Bourges Hauptstadt der Provinz Aquitanien und entsprechend ausgebaut. Auf den Fundamenten der römischen Stadtmauer entstanden später der Herzogspalast und der Chor der Kathedrale sowie zahlreiche Palais. Seine Blütezeit erlebte Bourges während der zweiten Hälfte des 14. und im 15. Jh. – selbst während

Reich geschmückt: die Westfassade der Cathédrale St-Etienne

der Wirren des Hundertjährigen Krieges ging es den Bewohnern des Berry noch relativ gut. Jacques Cœur leistete mit seinen weitreichenden Beziehungen einen wichtigen Beitrag zum Wirtschaftsleben seiner Vaterstadt, Herzog Jean de Berry betätigte sich als großzügiger Mäzen. Der spätere Reformator Johannes Calvin nahm im Jahre 1530 an der bereits 1463 von Louis XI gegründeten Universität sein Studium auf, das er in Orléans fortsetzte. Bis 1860 die erste Kanonengießerei eingerichtet wurde, lebte Bourges nahezu ausschließlich von der Landwirtschaft seines Umlandes. Neben der Automobilproduktion ist die Rüstungsindustrie noch heute ein wichtiger Arbeitgeber in der Stadt.

Seite 33

Wer die bedeutendsten Sehenswürdigkeiten besuchen will, sollte mindestens einen halben Tag veranschlagen, wobei für Museumsbesuche wenig Zeit bleibt.

*** Cathédrale St-Etienne ❶

Aus dem mittelalterlichen Kern ragt die Cathédrale St-Etienne heraus, die zu den berühmtesten gotischen Kirchen des Landes gehört und in einem Atemzug mit Chartres und Reims genannt werden muss. Eine romanische Bischofskirche hatte im 11. Jh. einen Vorgängerbau ersetzt. Gegen Ende des 12. Jhs. begannen unter Erzbischof Henri de Sully die Arbeiten an der ersten gotischen Kathedrale des Berry. Schon um die Mitte des 13. Jhs. konnte die *Westfassade* in Angriff genommen werden. Sie ist 55 m breit, wird von zwei Türmen flankiert und besitzt fünf mit Figuren reich geschmückte Portale.

Im Tympanon des Mittelportals stellten die Steinmetzen das Jüngste Gericht dar: Nackt steigen die Auferstehenden aus schweren Steinsarkophagen. Der Erzengel Michael trennt sie in die Gruppe der Seligen auf der einen und der Verdammten auf der anderen Seite.

Die Fensterrose über dem zentralen Portal geht ins 14. Jh. zurück.

Die beeindruckenden Dimensionen der Westfassade setzen sich auch im Innenraum fort. Obwohl der Anblick überwältigend wirkt, ist die Konzeption eher schlicht: Das Langhaus ist fünfschiffig und beide in der Höhe abgestuften Seitenschiffe werden um das Chorhaupt herumgeführt. Auf ein Querschiff wurde verzichtet, die angebauten Seitenkapellen stammen aus dem 15. Jh. Wie in Chartres wurde auf die Emporen verzichtet und der Wandaufbau auf drei Geschosse reduziert: Arkaden, Triforium und Obergaden.

Die erstaunlich gut erhaltenen Buntglasscheiben der Kathedrale tauchen den Raum in ein geradezu magisches Licht. Von Interesse sind dabei nicht nur die hochmittelalterlichen Scheiben, sondern auch die Verglasung aus dem späten 14. und frühen 15. Jh., der Zeit von Jean de Berry und Jacques Cœur ist von hohem Rang. Während die älteren Fenster aus dem 13. Jh. aus einer Abfolge kleinteiliger Medaillons bestehen, ging man später zu größeren und dünneren Glasteilen und zur Darstellung großformatiger Figuren und Szenen über. Die bedeutendsten Scheiben befinden sich im Chor.

Die weitläufige Krypta ruht auf massiven Pfeilern. Sie gleicht den Niveauunterschied zu den Gräben der Römischen Stadtmauer aus. Sehenswert ist die Liegefigur vom Grabmal des 1416 verstorbenen Herzogs Jean de Berry, die später hierher gebracht wurde.

Tour de Beurre

Wer sich für einen Ausblick auf die Stadt aus der Höhe interessiert, kann die knapp 400 Stufen der Tour de Beurre erklimmen. Der „Butterturm" bekam seinen Namen, weil er von Geldern reicher Bürger bezahlt wurde, die als Buße für den Genuss von Butter während der Fastenzeit zum Teil größere Beträge für den Kirchenbau spendeten.

Ancien Archevêché ❷

Das von außen nüchtern wirkende Gebäude auf der Südseite der Kathedrale wurde im ausgehenden 17. Jh. als erzbischöfliche Residenz errichtet, dann diente es lange Jahre als Rathaus. Von der Stadtverwaltung blieben jedoch nur noch einige Büros in der Ancien Archevêché in der ein Museum eröffnet wurde. Das **Musée des Meilleurs Ouvriers de France** stellt die wichtigsten Handwerkszweige des Landes mit ihren Produkten vor (🕓 tgl. außer Mo 14–17 Uhr). Daneben dehnt sich der **Jardin de l'Archevêché** aus. Die Parkanlage wurde im 17. Jh. wahrscheinlich von André Le Nôtre, dem da-

Seite 33

❶ Cathédrale St-Etienne
❷ Ancien Archevêché
❸ Préfecture
❹ Maison de Jacques-Cœur
❺ Palais Jacques-Cœur
❻ Musée du Berry
❼ Grande Boucherie
❽ Musée Estève
❾ Musée des Arts Décoratifs

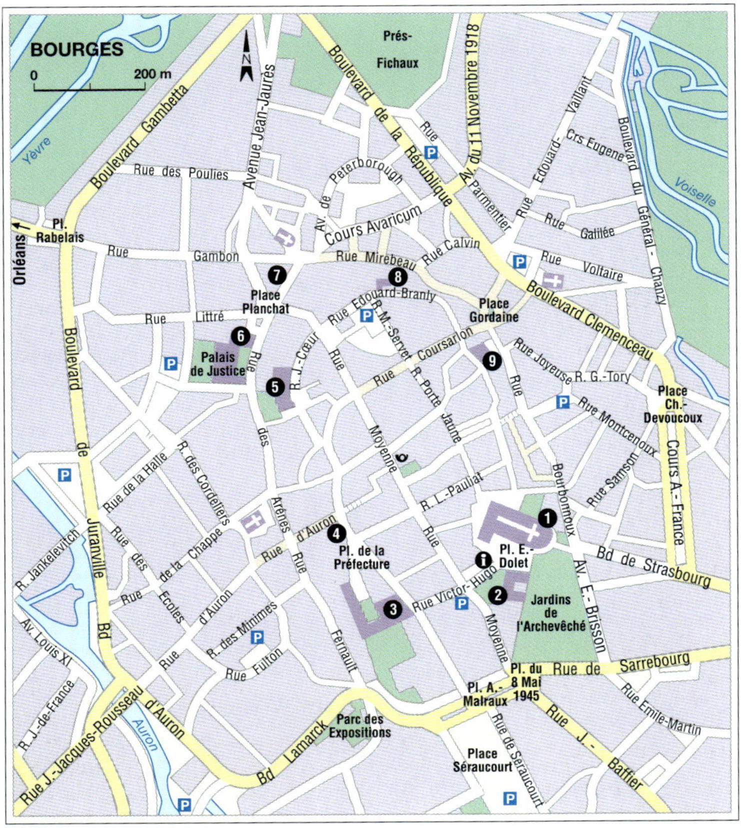

mals bekanntesten Gartenarchitekten Frankreichs, angelegt. In der Nachbarschaft der **Préfecture** ❸ aus dem 18. Jh., die übrigens den Platz der herzoglichen Residenz einnimmt, steht die **Maison de Jacques-Cœur** ❹, ein dreistöckiges Fachwerkhaus aus dem 16. Jh.

Seite 33

** Palais Jacques-Cœur ❺

Klarer liegt die Sache im Fall des Palais das sich der Kaufmann Jacques Cœur tatsächlich zwischen 1443 und 1451 errichten ließ. Bewohnt hat er seinen Palast allerdings nie, da er zuvor in Ungnade fiel und das Gebäude seinen Kindern erst nach seinem Tod zurückgegeben wurde. Von dem kleinen, nach dem Bauherrn benannten Platz aus macht das Palais einen etwas düsteren Eindruck. Es steht mit Türmen und sparsam verteilten Fenstern noch weitgehend in der Tradition der Gotik, nur im Detail kündigen sich die lebensfroheren Züge der Renaissance an (🕓 Führungen: April bis Ende Okt. tgl. 9.15–11.15, 14–17.15 Uhr, Nov. bis März 10–11.15, 14–16.15 Uhr).

Jacques Cœur

Jacques Cœur kam in Bourges zwischen 1395 und 1400 als Sohn eines Händlers zur Welt und heiratete etwa als 18-jähriger die Tochter eines flämischen Kaufmanns. Er war der erste, der in seiner Heimatstadt Import- und Exportgeschäfte mit allen nur erdenklichen Waren betrieb und dessen Kontakte bis in den Nahen Osten reichten. Jacques Cœur brachte es nicht nur zu einer bedeutenden Handelsflotte und einem riesigen Vermögen, sondern als königlicher Schatzmeister und Financier während der Spätphase des Hundertjährigen Krieges auch zu einigem Einfluss.

Eine Intrige am Hof von König Charles VII wurde ihm schließlich zum Verhängnis. Neben Hochverrat warf man ihm eine Mitschuld am nie aufgeklärten Gifttod der königlichen Geliebten Agnès Sorel vor. Jacques Cœur floh 1454 aus der Haft in Poitiers nach Rom, wo er dann für den Vatikan tätig war. 1456 kam er auf der griechischen Insel Chios im Ägäischen Meer ums Leben.

Musée du Berry ❻

Viel verspielter gibt sich das im Renaissancestil errichtete **Hôtel Cujas.** Das Patrizierhaus aus den ersten Jahrzehnten des 16. Jhs. schmückt sich mit einem weit in die Straße hineinragenden runden Erker. In den um einen Innenhof gruppierten Gebäudetrakten ist das Musée du Berry mit archäologischen, volks- und landeskundlichen Sammlungen sowie einer Skulpturenabteilung untergebracht (🕓 tgl. außer Di und So vormittag 10–12, 14–18 Uhr).

Place Planchat

An der Place Planchat passiert man die **Grande Boucherie** ❼, eine im Jugendstil gehaltene Metzgerei mit großen Fenstern, eingelegten Marmorumrandungen und entsprechendem Dekor. Das **Hôtel des Echevins** aus dem 15. bis 17. Jh. war rund drei Jahrhunderte Sitz der Stadtverwaltung. Zum Hof hin, wo sich der Eingang befindet, besitzt es einen Treppenturm, der außen mit spätgotischen Spitzbögen dekoriert ist.

Tipp Die **Place Gordaine** gehört zu den lebhaftesten und schönsten Plätzen in der Altstadt. Im Mittelpunkt liegt eine kleine Parkanlage. Zahlreiche Cafés und Restaurants haben während der warmen Jahreszeit Tische und Stühle ins Freie gerückt.

Zwei Museen

In den Trakten des früheren Schöffenhauses ist seit 1987 das **Musée Estève** ❽, die Stiftung des Malers Maurice Estève untergebracht. Er war zunächst stark von Cézanne, später von Léger beeinflusst (tgl. außer Di und So vormittags 10–12, 14–18 Uhr).

Das im Renaissancestil um die Wende vom 15. zum 16. Jh. erbaute *Hôtel Lallemant* steht auf den Fundamenten der gallorömischen Stadtmauer.

In dem Anwesen befindet sich das **Musée des Arts Décoratifs** ❾ mit Sammlungen französischen und europäischen Mobiliars, Gemälden und Fayencen (tgl. außer Mo und So vormittags 10–12, 14–18 Uhr).

Im Geburtshaus von Jacques Cœur ist ein Lokal eingerichtet

Seite 33

Praktische Hinweise

Office du Tourisme, 21, rue Victor-Hugo, F-18000 Bourges, 02 48 23 02 60, 02 48 23 02 69.

Der Bahnhof liegt an der Place Général-Leclerc, 02 47 20 50 50.

Überlandbusse halten an der Gare Routière, Rue Pré Doulet, 02 48 24 36 42.

Hôtel de Bourbon, Boulevard de la République, 02 48 70 70 00, 02 48 70 21 22. Luxushotel in einem ehemaligen Klos-ter aus dem 16. Jh.

Olympia, 66, av. d'Orléans, 02 48 70 49 84, 02 48 65 29 06. Das komfortable Hotel garni liegt an der RN 76 nordwestlich vom Zentrum.

Le Jardin Gourmand, 15 bis, av. E.-Renan, 02 48 21 35 91. Gehört zu den besten Restaurants der Stadt. Köstliches Zanderfilet mit Topinambur und Kartoffeln.

Jacques Cœur, 3, pl. Jacques-Cœur, 02 48 70 12 72. Das Lokal ist eine Institution. Gerühmt werden die einheimischen Spezialitäten. Sa und So abends geschlossen.

Restaurant Jacques Cœur

Das Musée du Berry im ehemaligen Hôtel Cujas

Hl. Martin 371 kath. Glaube wird v. Tours nach Irland getragen

*Tours

Seite 37

Kosmopolitisches Zentrum im Loire-Tal

Tours, mit seinen 282 000 Einwohnern ist eine sehr lebendige Stadt: Geschäftigkeit kennzeichnet die großzügig angelegten Plätze, an breiten Boulevards liegen Straßencafés wie der Frankreich-Reisende sie aus Paris kennt. Moderne Konsumtempel, die in den Jahrzehnten nach dem Zweiten Weltkrieg wie Pilze aus dem Boden schossen, verbergen die mittelalterlichen Straßenzüge. Doch wer zweimal hinschaut, sieht, dass die Wurzeln der Touraine-Metropole weit in die Vergangenheit zurückreichen. Heute ist die Stadt der Römer, des hl. Martin und der französischen Könige von einem breiten Gürtel von Industrieanlagen umgeben, der hauptsächlich im Norden weit ins Umland hineinwächst.

Stadtgeschichte

Die vorchristliche Vergangenheit von Tours liegt größtenteils im dunkeln. Sicher ist jedoch, dass Gallier am rechten Flussufer schon eine Siedlung bewohnten, bevor römische Truppen die Region unter ihre Kontrolle brachten und einen Stützpunkt aufbauten. Erst im Zuge der Christianisierung ab dem 4. Jh. gewann Tours an Bedeutung, v. a. nachdem sich der hl. Martin als Bischof im Jahre 371 dort niedergelassen hatte. Als er 397 auf einer Reise starb, brachten seine Begleiter den Leichnam nach Tours zurück, wo das Martinsgrab zu einem beliebten Wallfahrtsort wurde. Rundherum entwickelte sich die nach dem Heiligen benannte Vorstadt, während ein zweiter Ort im ehemaligen römischen Zentrum entstand. Hier war inzwischen die Kathedrale errichtet worden. Erst im 14. Jh. vereinte eine gemeinsame Mauer die beiden Stadtteile. Eine Blütezeit erlebte Tours unter Louis XI, der es zu seiner Residenz machte. Wirtschaftliches Gewicht verliehen der Stadt ihre Tuchmanufakturen, die hauptsächlich für Seidenstoffe bekannt waren. Die moderne Industrie begann im 18. Jh. Fuß zu fassen.

Tours profitierte mehr und mehr von seiner Lage an der wichtigen Verkehrsverbindung zwischen Paris und der Iberischen Halbinsel. Mitte des 19. Jhs. war die Stadt ans Bahnnetz angeschlossen.

Bei Angriffen während des Zweiten Weltkrieges kamen fast 10 000 Menschen ums Leben, und ganze Stadtteile lagen in Schutt und Asche. Der Wiederaufbau nach 1945 veränderte das Gesicht der Touraine-Metropole völlig.

Das Stadtzentrum mit seinen Sehenswürdigkeiten dehnt sich vom Ufer der Loire bis zu den in Ost-West-Richtung verlaufenden *Boulevards Béranger/Heurteloup* aus. Östlich der als Einkaufsstraße beliebten *Rue Nationale,* die im 18. Jh. als Rue Royale angelegt wurde, erstreckt sich das Zentrum der einstigen Römerstadt, westlich die alte Martinsstadt.

Rund um die Place de la Cathédrale

*Cathédrale St-Gatien ❶

Der Baubeginn der Kathedrale lässt sich nicht genau datieren. Wahrscheinlich setzten die Steinmetzen nach der Zerstörung mehrerer Vorgängerbauten in den 30er Jahren des 13. Jhs. die ersten Quader des heutigen Sakralbaus aufeinander. Rund drei Jahrhunderte dauerten die Arbeiten, die am Chor begannen und mit der Westfassade abgeschlossen wurden. St-Gatien zeigt folglich die Gotik in all ihren Spielarten und an den Türmen erste Renaissanceelemente. Im Innern besticht der Chor mit den originalen Buntglasfenstern

Zw. 418 u. 507 ließen sich Westgoten a.d. Loire nieder

aus dem 13. Jh. In der ersten südlichen Chorkapelle befindet sich das Marmorgrabmal für zwei im Kindesalter verstorbene Söhne von Charles VIII und Anne de Bretagne. Die Figuren aus dem frühen 16. Jh. werden der Werkstatt von Michel Colombe zugeschrieben. An das nördliche Seitenschiff der Kathedrale schließt sich mit der *Psalette* ein Kreuzgang mit spätgotischen und Renaissancegalerien an.

* Musée des Beaux-Arts ❷

In einem gepflegten Garten gleich neben der Kathedrale ist im ehemaligen Erzbischöflichen Palast das Musée des Beaux-Arts untergebracht. Eine mächtige, 200-jährige Zeder mit einer ausladenden Krone empfängt die Besucher. Die Bestände des Museums bilden zum größten Teil die während der Französischen Revolution gepfändeten Privatsammlungen der Herzöge von Choiseul und Penthièvre und die des Kardinals Richelieu. Hinzu kommen die Kunst-

Eingang: Musée des Beaux-Arts

Seite 37

❶ Cathédrale St-Gatien
❷ Musée des Beaux-Arts
❸ Château Royal
❹ Place Foire-le-Roi
❺ St-Julien
❻ Jardin de Beaune-Semblançay
❼ Hôtel Goüin
❽ Musée d'Histoire Naturelle
❾ Place Plumereau
❿ Musée du Gemmail
⓫ Basilique St-Martin
⓬ Tour Charlemagne
⓭ Tour de l'Horloge
⓮ Markthallen

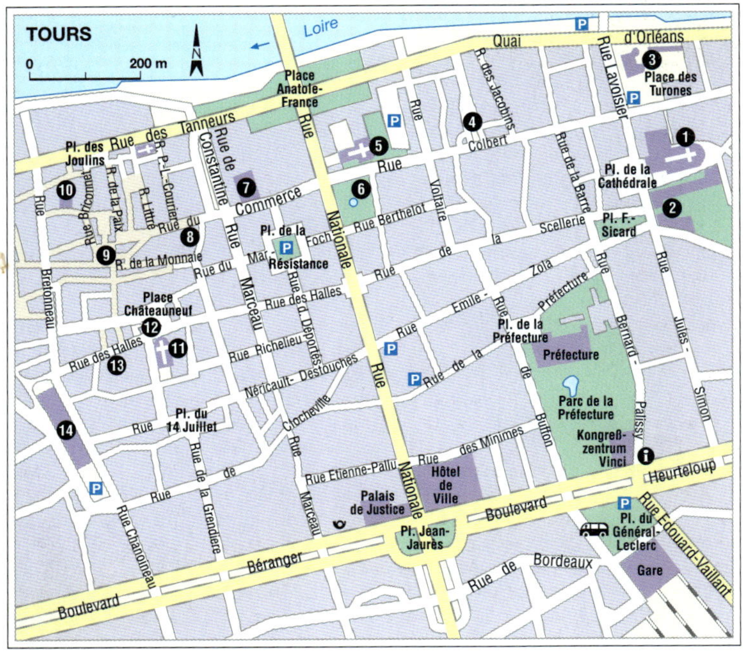

schätze, die Napoleon von seinen Feldzügen mit nach Hause brachte sowie offizielle Staatspräsente. Zu den vertretenen Künstlern gehören u.a. Rubens, Rembrandt, Mantegna, Nattier, Lemoyne, Boucher, Roslin, Degas und Delacroix. Neben Gemälden sind auch Keramiken und Mobiliar unterschiedlicher Epochen ausgestellt (🕓 tgl. außer Di 9–12.45, 14–18 Uhr).

Seite 37

Château Royal ❸

Zwischen Kathedrale und Loire steht das Schloss aus dem 11. Jh. Nur noch die *Tour de Guise* mit einem spitzen Kegeldach und der anschließende Pavillon de Mars aus dem 18. Jh. blieben vom königlichen Schloss übrig.

Tour de Guise

Der Turm verdankt seinen Namen einer düsteren Episode. Als König Henri III den Herzog Henri de Guise, Führer der Katholischen Liga, im Schloss von Blois 1588 ermorden ließ (S. 61), wurde dessen 15 Jahre alter Sohn dort eingesperrt, um einem Wiedererstarken der Katholiken vorzubeugen. Nach dreijähriger Haft verliebte sich der junge Mann in die Wäscherin, die regelmäßig seine Kleider reinigte. Sie schmuggelte ein Seil in das Verlies, mit dessen Hilfe der Gefangene entkommen konnte. Die Anlage beherbergt heute das *Historial de Touraine*, wo Szenen aus der Stadtgeschichte mit Wachsfiguren nachgestellt wurden.

An der Rue Colbert

Die von Geschäften und Restaurants gesäumte Fußgängerzone *Rue Colbert* führt zur **Place Foire-le-Roi ❹**. Hier war es den Bauern des Umlandes seit der Regierungszeit von François Ier gestattet, ihre Produkte verkaufen. Eine Weile stand auf diesem Platz auch der Galgen. Die gotische Abteikirche **St-Julien ❺** besitzt noch einen mächtigen Glockenturm aus dem 11. Jh. Die einstigen Klostergebäude werden heute für das *Musée du Compagnonnage* genutzt. Es beschäftigt sich mit Geschichte und Bräuchen der Handwerksgesellen (🕓 Mitte Juni bis Mitte Sept. tgl. 9–18, sonst tgl. außer Di 9–11.30, 14 bis 16.30 bzw. 17.30 Uhr). Ein weiterer Trakt ist dem *Musée des Vins de Touraine,* dem Weinmuseum der Touraine, vorbehalten (🕓 April bis Mitte Sept. tgl. außer Di 9–11.30, 14–17.30, sonst bis 16.30 Uhr; Jan./Febr. geschl.).

Im **Jardin de Beaune-Semblançay ❻** gleich gegenüber stand das gleichnamige Hôtel des Kaufmanns und königlichen Finanzberaters Jacques de Beaune, das von den Bomben des Zweiten Weltkriegs getroffen wurde. Erhalten blieb der Brunnen aus dem frühen 16. Jh. aus genuesischem Marmor.

Das historische Zentrum

Das * **Hôtel Goüin ❼**, bei dem die Altstadt beginnt, gilt als schönstes Renaissancebauwerk der Stadt. Italienische und einheimische Künstler gestalteten zu Beginn des 15. Jhs. die reizvolle Fassade des dreigeschossigen Schlösschens. Bauherr war ein reicher Kaufmann, erst später ging das Palais in den Besitz der Bankiersfamilie Goüin über. Inzwischen dient es der Archäologischen Gesellschaft der Touraine als Sitz und Ausstellungsgebäude. Das *Musée Archéologique* beschäftigt sich jedoch nicht nur mit der Vorgeschichte und der gallorömischen Zeit, sondern zeigt auch Skulpturen sowie Gemälde, Münzen, Waffen, Mobiliar und Fayencen späterer Epochen (🕓 Febr. bis Mitte März, Okt. bis Nov. tgl. außer Fr 10–12.30, 14 bis 17.30 Uhr, Mitte März bis Mitte Mai bis 18.30 Uhr, Mitte Mai bis Sept. 10–19 Uhr; Dez. bis Jan. geschlossen).

Dekoratives Fachwerk schmückt die Fassade dieses Hauses an der Place Plumereau in Tours

Restaurant Léonard de Vinci
Spécialités fines italiennes
Restaurant Leonard de Vinci
2 salles au 1er étage
ENGLISH SPOKEN

Seite 37

Auf dem Weg ins historische Zentrum liegt das **Musée d'Histoire Naturelle** ❽ mit naturgeschichtlichen Sammlungen. Mittelpunkt der Altstadt ist die von Fachwerkfassaden gerahmte * **Place Plumereau** ❾. Sie entstand erst im vorigen Jahrhundert, als einige Häuser und ein alter Friedhof im Rahmen einer Stadtsanierung weichen mussten. Die angrenzenden Häuser sind zum Teil nur so breit wie ein Zimmer und kein Fachwerkmuster gleicht dem anderen. Manche Fassaden gehen bis ins 15. Jh. zurück.

Nördlich der Place Plumereau verläuft die schmale *Rue Briconnet,* u. a. mit Fachwerkhäusern mit geschnitzten Balken und Steinbauten mit Hinterhöfen, in deren Gärten das Grün im Verborgenen sprießt.

Auch das **Musée du Gemmail** ❿ versteckt sich in einem solchen Innenhof. Die dort zu sehenden Ausstellungen sind der Gemmailtechnik des Malers Jean Crotti (1878–1958), gewidmet, die seit damals von vielen Künstlern angewendet wurde. Crotti schuf auf der Basis aus neben- oder übereinandergelegten Buntglasteilen Kunstwerke, die ihren Reiz durch die Beleuchtung bekommen (🕓 Mitte März bis Mitte Okt. tgl. außer Mo 10–11.30, 14–18 Uhr).

Diner im Freien

Wo sich heute Dutzende von Restaurants aneinanderreihen, befand sich früher das Viertel der Händler und Kaufleute, in dem es nach Obst, Pfeffer und Kaffee roch. Jetzt mischen sich in den gepflasterten Sträßchen die Düfte von griechischem Gyros mit den Küchennebeln, die französischen, chinesischen, thailändischen und italienischen Lokalen entströmen. In der warmen Jahreszeit ist dieses Viertel ein großer Freiluftspeisesaal und erst lange nach Mitternacht lässt der Betrieb allmählich nach.

Basilique St-Martin ⓫

Ebenso wie vom alten Schloss sind auch von der mittelalterlichen Basilique St-Martin nur noch wenige Überreste vorhanden. Mehrere große Kirchen standen nacheinander über dem Grab dieses bedeutenden Bischofs Galliens und Schutzpatrons der Franken. Gregor von Tours, der Geschichtsschreiber der Merowinger, schilderte um 580 einen riesigen Sakralbau, in dem Chlodwig seinen Übertritt zum Katholizismus bekanntgegeben hatte. Von den Normannen zerstört, wurde der Bau als Prototyp der großen Pilgerkirchen zwischen dem 11. und 13. Jh. neu errichtet.

St-Martin war das fränkische Nationalheiligtum und eine wichtige Station auf dem Jakobspilgerweg. Die Basilika soll sogar als architektonisches Vorbild für die Kirche in Santiago de Compostela gedient haben. Nach der Revolution gab die Stadt das Bauwerk zum Abbruch frei. Übrig blieben einzig die **Tour Charlemagne** ⓬, der nördliche Querhausturm, und die **Tour de l'Horloge** ⓭, der südliche Turm der Westfront. Der Abstand zwischen den beiden Türmen vermittelt wenigstens einen vagen Eindruck von den Ausmaßen der Kirche, die noch um mehr als 10 m länger war als die Kathedrale. Die Basilika, zwischen 1887 und 1924 im neobyzantinischen Stil über dem Grab des Heiligen errichtet, stellt trotz allen Pomps nur einen schwachen Ersatz dar.

Als „Bauch von Tours" spielen die **Marktthallen** ⓮ eine lebenswichtige Rolle. Selbst am Sonntagvormittag öffnen die dort eingerichteten Bäckereien, Konditoreien, Metzgereien, Fischläden und Blumengeschäfte.

Place Jean-Jaurès

Auf dem Rückweg zum Ausgangspunkt der Stadttour passiert man an der Place Jean-Jaurés das mächtige **Hôtel de Ville** aus dem späten 19. Jh.

Wie die neue Martinskirche und der Bahnhof ist auch das Rathaus ein Werk des in Tours geborenen Victor Laloux. Das zwischen 1991 und 1993 erbaute **Kongresszentrum Vinci** entwarf der Architekt Jean Nouvel.

Das Hôtel de Ville schmückt sich mit einer Renaissancefassade

Seite 37

Praktische Hinweise

Office de Tourisme, 78–82, rue Bernard-Palissy, B.P. 4201, F-37042 Tours Cedex, ☎ 02 47 70 37 37, Fax 02 47 61 14 22. Für Museumsbesuche und eine Führung durch die Altstadt wird ein Sammelticket angeboten.

Gare SNCF, Place du Général-Leclerc, ☎ 02 47 20 50 50; TGV-Informationen: ☎ 02 47 05 60 60.
Zentraler Bahnhof der Fernbusse Eurolines, 76, rue Bernard-Palissy, ☎ 02 47 66 45 56.

Univers, 5, bd Heurteloup, ☎ 02 47 05 37 12, Fax 02 47 61 51 80. Hier stiegen schon Napoleon, Churchill und Hemingway ab. \$\$
Central, 21, rue Berthelot, ☎ 02 47 05 46 44, Fax 02 47 66 10 26. Sehr angenehme Unterkunft in zentraler Lage. \$\$
Hôtel St-Eloi, 79, bd Béranger, ☎ 02 47 37 67 34, Fax 02 47 39 34 67. Kleines Hotel mit nur 10 Zimmern, die Hälfte davon mit Dusche. \$

An der Place Plumereau

Charles Barrier, 101, av. de la Tranchée, ☎ 02 47 54 20 39. Ein fabelhaftes Restaurant mit regionalen Spezialitäten. \$\$\$
La Roche Le Roy, 55, route de St-Avertin, ☎ 02 47 27 22 00. Die Nobeladresse der Stadt. So Ruhetag. \$\$\$
Chope, 25 bis, av. Grammont, ☎ 02 47 20 15 15. Beliebte Brasserie mit landestyischen Gerichten. \$\$
Bigarade, 122, rue Colbert, ☎ 02 47 05 48 81. Hier essen auch viele Einheimische, also kann das ja gar keine schlechte Empfehlung sein. \$

Atlant am Hôtel de Ville

* Angers

Seite 43

Anjou – Kapitale im Ritter-Look

An der Maine, unweit ihrer Mündung in die Loire gelegen, zehrt Angers noch Jahrhunderte nach dem Untergang des englisch-französischen Großreichs der Plantagenêt-Dynastie vom einstigen Ruhm. Doch im Graben der wuchtigen Festung zeugen heute friedlich grasende Rehe und schnatternde Enten vom Zeitenwechsel. Gewiss: Die Metropole des Anjou gibt sich geschichtsbewusst, doch ist es ihr auch gelungen, ihr kulturelles Erbe für die Gegenwart zu nutzen. So knüpft beispielsweise ein Zentrum für Textilkunst an die mittelalterliche Tradition der Teppichherstellung an. Die Hauptstadt des Département Maine-et-Loire besitzt Forschungseinrichtungen und Niederlassungen florierender Unternehmen sowie eine auffallend sehr junge Bevölkerung.

Stadtgeschichte

Die Blütezeit für Angers kam unter den Plantagenêts im 12. und frühen 13. Jh. Durch die Heirat des Grafen von Anjou, Henri II, dem auch die Normandie, Maine und die Touraine gehörten, mit Eleonore, der Herzogin von Aquitanien, entstand im Westen Frankreichs ein riesiges Reich. Nachdem Henri zudem 1154 durch reguläre Erbfolge König von England wurde, schien der sich gerade vollziehende Aufstieg der Kapetinger zeitweilig ernsthaft gefährdet.

Doch dem angevinischen Großreich war kein langes Leben beschieden: Schon Philippe II Auguste konnte im 13. Jh. den Anschluss der kontinentalen Landesteile der Plantagenêts an Frankreich erzwingen. Angers jedoch war kurze Zeit eine Art englische Hauptstadt auf dem Kontinent. 1474 fiel das Anjou endgültig an Frankreich.

** Château

Im Gegensatz zu vielen anderen Residenzen im Loire-Tal ist das Schloss von Angers kein sehr behagliches Gemäuer. Siebzehn mächtige Rundtürme bewachen die Festung, die zwischen 1228 und 1238 auf den Fundamenten eines Vorgängerbaus unter König St-Louis, Ludwig IX, errichtet wurde. Im ausgehenden 16. Jh. ordnete Henri III die Schleifung der Burg an, doch wurden lediglich die Türme bis auf die Höhe der Zwischenmauern abgetragen. Nur die **Tour du Moulin** blieb in ihrer ursprünglichen Form erhalten.

** Teinture de l'Apocalypse

In einer eigens dafür gebauten Galerie innerhalb des Burgareals ist seit 1954 der älteste Bildteppichzyklus Frankreichs, die Teinture de l'Apocalypse, ausgestellt. Über 80 szenische Darstellungen verteilen sich auf sieben großformatige Teppiche mit einer Gesamtlänge von 130 m. Sie erzählt die wichtigsten Geschehnisse aus der Offenbarung des Johannes. Den Auftakt bildet jeweils die Figur des Visionärs selbst unter einer spätgotischen Baldachinarchitektur. Der Hintergrund der Bildteppiche ist abwechselnd rot und blau. Stilistisch orientierten sich die Künstler an der Buchmalerei ihrer Zeit.

Auftraggeber war Herzog Louis Ier d'Anjou. Die Entwürfe fertigte Hennequin von Brügge an, während die Ausführung der berühmte Pariser Weber Nicolas Bataille leitete. Sieben Jahre soll an dem vermutlich 1380 vollendeten Meisterwerk gearbeitet worden sein. Über die Jahrhunderte ging etwa ein Drittel der Bilder verloren (🕓 tgl. 10–17 Uhr).

Eine große Auswahl von regionalen Weinen bietet **Vin sur Vin** an (3 bis, rue d'Anjou, Angers, ☏ 02 41 87 25 66; ◷ Mo–Sa 9.30–12.30, 14–20 Uhr).

Am Ostufer

Nordöstlich der Burg dehnt sich die Altstadt mit engen Gassen und krummen Fassaden aus. Schönstes Anwesen in diesem Viertel ist das **Hôtel du Croissant** ❶ aus dem 15. Jh. Es diente einst dem Schreiber des von König René gegründeten Ritterordens, dem *Ordre du Croissant*, als Wohnsitz.

Proteste gab es in Angers, als die gotische Allerheiligenkirche 1984 zum Museum umgestaltet und für die ***Galerie David d'Angers** ❷ freigemacht wurde. Der aus Angers stammende Bildhauer, der eigentlich Pierre Jean David hieß und von 1788 bis

Die mächtige Burg von Angers

Seite 43

❶ Hôtel du Croissant
❷ Galerie David d'Angers
❸ Musée des Beaux-Arts
❹ Tour St-Aubin
❺ Maison d'Adam
❻ Cathédrale St-Maurice
❼ Musée Turpin de Crissé
❽ Hôtel des Pénitentes
❾ Musée Jean-Lurçat

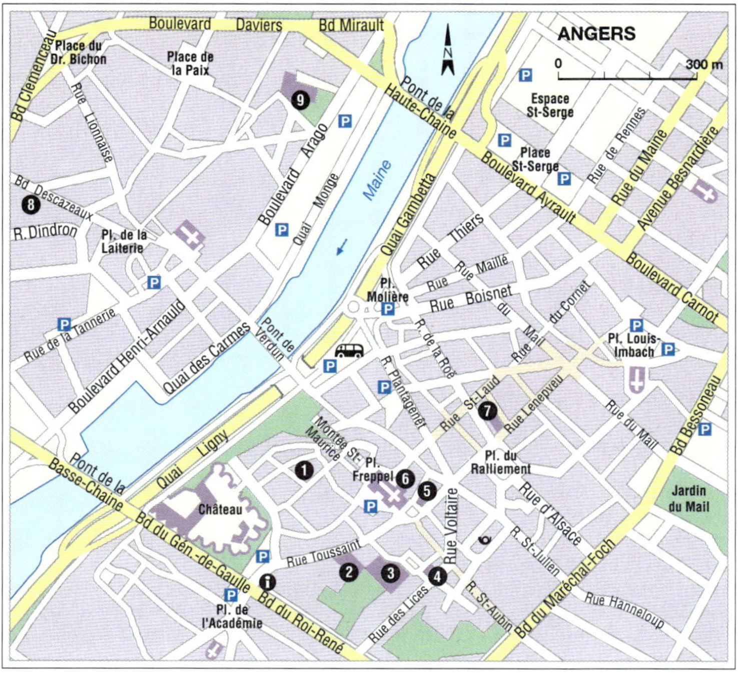

1856 lebte, studierte in Rom und schuf u. a. monumentale Denkmäler für Victor Hugo, Châteaubriant, Balzac und Goethe (🕓 tgl. außer Mo 10–12, 14–18.30 Uhr, Mitte Juni bis Mitte Sept. tgl. 9–18.30 Uhr).

Seite 43

Im benachbarten *Logis Barrault* aus dem 15. Jh. wurde das **Musée des Beaux-Arts** ❸ einquartiert. In der ehemaligen Residenz des Bürgermeisters werden wertvolles Mobiliar aus der Renaissancezeit, Kunstgewerbe, mittelalterliche Tafelbilder und einige bedeutende Gemälde aus der Zeit des 16. bis 19. Jhs. ausgestellt (wegen Renovierung bis 2001 geschl.).

Vorbei an der **Tour St-Aubin** ❹, dem über 50 m hohen Glockenturm einer ehemaligen Abtei, der inzwischen ebenfalls als Galerie zweckentfremdet wird, geht es zur **Maison d'Adam** ❺. Der Fachwerkbau mit geschnitzten Figuren an den tragenden Elementen entstand um die Wende vom 15. zum 16. Jh. Seinen Namen verdankt er der Darstellung Adams und Evas unter dem Apfelbaum am Treppentürmchen, die der Revolution zum Opfer fiel.

Im Erdgeschoss stellen mehr als 40 Kunsthandwerker ihre Arbeiten aus.

Wo im Jahr 1032 eine romanische Vorgängerkirche abbrannte, wurde ab Mitte des 12. Jhs. auf den alten Fundamenten die * **Cathédrale St-Maurice** ❻ erbaut. Die Westfassade besitzt ein meisterliches frühgotisches Portal, das Erinnerungen an Chartres weckt.

Das Tympanon zeigt Christus umgeben von den Symbolen der vier Evangelisten (dem Markus-Löwen, dem Engel für Matthäus, dem Stier für Lukas und dem Adler für Johannes). Im Gewände stehen biblische Figuren. Der einschiffige Innenraum bildet eine ungewöhnliche Mischung romanischer und gotischer Elemente und ist mit dem hochgezogenen Kreuzrippengewölbe, dem sogenannten angevinischen Gewölbe, typisch für den Plantagenêt-Stil (S. 17). Die ältesten Glasfenster, sie befinden sich auf der linken Seite des Langhauses, wurden im 12. Jh. angefertigt.

Ein beliebter Treffpunkt für tanzbegeisterte jüngere Leute ist die Diskothek **Le Boléro** (38, rue St-Laud, ☎ 02 41 88 61 19).

Etwa 15 % der 150 000 Einwohner sind Studenten, die ihren Teil zum urbanen Leben, etwa auf der *Place du Ralliement*, beitragen. Auf diesem von Geschäften, Bars und Cafés umgebenen Hauptplatz ist immer Betrieb. Das nahegelegene **Musée Turpin de Crissé** ❼ ist im *Hôtel Pincé* untergebracht. Seine durch einen Treppenturm getrennten Gebäudeflügel wurden in den 30er Jahren des 16. Jhs. von dem bekannten Architekten Jean de l'Espine errichtet. Zu den Ausstellungsstücken zählen u. a. Kunstwerke aus Ostasien sowie antike und altägyptische Objekte (🕓 tgl. außer Mo 10–12,14–18.30 Uhr, Mitte Juni bis Mitte Sept. tgl. 9–18.30 Uhr).

Am Westufer

Dem Stadtzentrum gegenüber liegt auf der westlichen Uferseite der Maine das alte Viertel *La Doutre*. Sehenswert ist das **Hôtel des Pénitentes** ❽, das im ausgehenden 15. Jh. als Unterkunft für die Mönche der Abtei St-Nicolas errichtet und im ersten Viertel des 16. Jhs. erweitert wurde.

Gewissermaßen ein Pendant zur Teinture de l'Apocalypse (S. 42) ist im Hospital *St-Jean* ausgestellt, das als * **Musée Jean-Lurçat** ❾ dient. Dieses Ende des 12. Jhs. erbaute Krankenhaus bildet ein weiteres bemerkenswertes Beispiel für den Plantagenêt-Stil. In dem dreischiffigen ehemaligen Krankensaal ist seit den 60er Jahren der Wandteppich *Le Chant du Monde* („Das Lied der Welt") von Jean Lurçat (1892–1966) ausgestellt.

Die Thematik der in leuchtenden Farben gehaltenen Darstellungen bezieht sich auf die menschliche Existenz zwischen der Selbstvernichtung durch den technischen Fortschritt und dem Prinzip Hoffnung (tgl. außer Mo 10–12, 14–18.30 Uhr, Mitte Juni bis Mitte Sept. tgl. 9–18.30 Uhr).

Praktische Hinweise

Office de Tourisme, Place du Président-Kennedy, B. P. 5157, F-49051 Angers Cedex 02, ☎ 02 41 23 51 11, Fax 02 41 23 51 10.

Gare SNCF, Rue de la Gare, ☎ 02 41 88 50 50. Tgl. Verbindungen nach Saumur, Tours, Orléans, Nantes und Paris.
Gare routière, Place de la République, ☎ 02 41 88 59 25. Busverbindungen zu allen größeren Städten.

Hôtel d'Anjou, 1, bd Foch, ☎ 02 41 88 24 82, Fax 02 41 87 22 21. Aufwändig ausgestattetes Haus am Rande der historischen Innenstadt. $$
Bleu Marine, 18, bd Foch, ☎ 02 41 87 37 20, Fax 02 41 87 49 54. Freundliche Zimmer, nur einen kurzen Spaziergang vom historischen Zentrum entfernt. $$
L'Univers, 2, pl. de la Gare, ☎ 02 41 88 43 58, Fax 02 41 86 97 28. Südlich des Stadtzentrums mit 45 Zimmern, die ihren Preis wert sind. $
Champagne, 34, rue Denis-Papin, ☎ 02 41 25 78 78, Fax 02 41 25 78 79. Kleineres, einfaches aber sehr gemütliches Hotel. $

Le Toussaint, 7, pl. Kennedy, ☎ 02 41 87 46 20. Schmackhafte französische Küche. So abend und Mo Ruhetag. $
La Rose d'Or, 21, rue Delâge, ☎ 02 41 88 38 38. Zu den Höhepunkten der Küche zählt Lachs auf Sauerampfer oder Meerforelle nach Art des Anjou. $

Wer sich abends nach einem ereignisreichen Besichtigungstag ausruhen möchte, kann dies in der Bar **Le Feeling** bei einem Cocktail tun. ☎ 02 41 24 00 87. $

Teinture de l'Apocalypse

Die Maison d'Adam

Seite 43

Süß und fruchtig

In *St-Barthélemy-d'Anjou,* östlich von Angers, steht die Likörbrennerei **Cointreau.** Das Rezept für das Elixier erfand Edouard Cointreau, wobei er vor allem die ätherischen Öle der Schalen von Bitterorangen verwendete. Was in den Kupferkesseln der Brennerei noch zum Geschmack beiträgt, ist geheim. Cointreau ist z. B. Bestandteil des „Sidecar" und der „White Lady". (Führungen vermittelt das Verkehrsamt.)

* Nantes

Seite 47

Metropole mit vielen Gesichtern

Wäre die mit 497 000 Einwohnern siebtgrößte Stadt Frankreichs ein verträumter Provinzflecken, könnte man den Atlantik riechen. So aber verhindern die Abgase des dichten und manchmal hektischen Autoverkehrs schon lange dieses Erlebnis. Nantes war jahrhundertelang die Hauptstadt des Herzogtums Bretagne, wovon noch heute einige bedeutende Bauwerke und sehenswerte Museen zeugen. Die alte Handelsstadt bildet das wirtschaftliche Zentrum im nördlichen Westfrankreich und besitzt einen wichtigen Industriehafen sowie ein quicklebendiges Zentrum. Typisch bretonisch wirkt die Fußballhochburg und Heimatstadt Jules Vernes allerdings nicht.

Stadtgeschichte

Im 9. Jh. hatte Nantes schwer unter den Überfällen der Wikinger zu leiden. Fast ein Jahrhundert lang setzten sich die Skandinavier am Ufer der Loire fest, ehe sie vom Bretonenführer und späteren Herzog Alain Barbe-Torte vertrieben werden konnten. Unter ihm wurde Nantes herzogliche Residenz, eine Rolle, die es während des ganzen Mittelalters gegen Rennes verteidigen musste. 1532 fiel die Bretagne an Frankreich, nachdem schon Herzogin Anne de Bretagne in Langeais Charles VIII und später Louis XII geheiratet hatte.

Ins 16. Jh. fiel jedoch auch der Beginn einer wirtschaftlichen Blütezeit, die auf dem Überseehandel basierte. Bis weit ins 18. Jh. hinein war Nantes das europäische Zentrum des Sklavenhandels. Nach der Revolution entwickelte es sich zu einem potenten Industriestandort. Nantes besitzt seit den 60er Jahren wieder eine Universität und ist Hauptstadt des Département Loire-Atlantique und der Région Pays de la Loire – so seltsam die administrative Trennung von der Bretagne, deren Regionalhauptstadt nun doch Rennes wurde, auch ist.

Edikt von Nantes

1598 unterschrieb König Henri IV im Schloss das Edikt von Nantes, das den Hugenotten beschränkte Religionsfreiheit zugestand. Es beendete die Religionskriege, unter denen Nantes im ausgehenden 16. Jh. ganz besonders gelitten hatte.

** Château Ducal

Die bedeutendste historische Sehenswürdigkeit der Stadt ist das Château Ducal. Die Arbeiten am herzoglichen Schloss begannen im Jahr 1466 unter François II, dessen Tochter Anne de Bretagne weiterbauen ließ. Von außen macht es noch ganz den Eindruck einer trutzigen Wehranlage, während die einzelnen Gebäudetrakte vom Innenhof aus besehen eher wie eine repräsentative Residenz wirken. Die Räume werden heute für Wechselausstellungen und von einem Volkskundemuseum genutzt. Das **Musée d'Art Populaire Régionale** zeigt historische Trachten, Mobiliar und regionale Alltagsgeschichte des 17. bis 19. Jhs. (🕓 tgl. außer Di und Fei 10–12, 14–18 Uhr).

* Cathédrale St-Pierre-et-St-Paul ❶

Die Baumeister der Kathedrale waren nicht nur Generationen, sondern gleich mehrere Jahrunderte mit ihrer Fertigstellung beschäftigt: Die Arbeiten dauerten von 1434 bis 1893. Dennoch ist das Gotteshaus überwiegend im gotischen Stil gehalten.

Die Westfassade und die 63 m hohen Türme gehören zu den ältesten Teilen, während der dreischiffige Kirchenraum erst im 16. Jh. hinzukam.

Im Innern fallen das Grabmal von General Louis de Lamoricière (1806 bis 1865) und die letzte Ruhestätte von François II und seiner zweiten Gemahlin, Marguerite de Foix, von Michel Colombe auf.

** Musée des Beaux-Arts ❷

Nicht nur in der Museumslandschaft von Nantes, sondern in der gesamten Loireregion nimmt das Musée des Beaux-Arts einen prominenten Platz ein. Der Schwerpunkt der Sammlung liegt auf der Zeit ab dem 13. Jh., wobei den Künstlern der Bretagne besondere Aufmerksamkeit gewidmet wird.

Place Ste-Croix

Rund um die Place Ste-Croix dehnt sich ein Altstadtviertel mit verwinkel-

Ins Château Ducal ist heute das Volkskundemuseum eingezogen

Seite 47

- ❶ Cathédrale St-Pierre-et-St-Paul
- ❷ Musée des Beaux-Arts
- ❸ Passage Pommeraye
- ❹ Musée d'Histoire Naturelle
- ❺ Musée Dobrée
- ❻ Musée Archéologique
- ❼ Place du Commerce
- ❽ Musée Jules-Verne

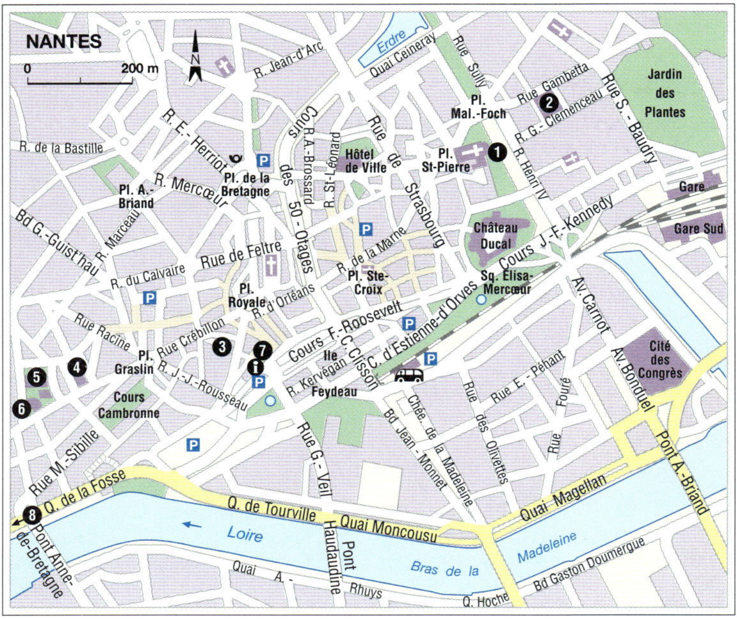

ten Gassen und zum Teil schönen, alten Häusern aus.

Den Übergang zwischen der mittelalterlichen Stadt und den neuen Vierteln des späten 18. Jhs., sollte die **Place Royale** mit ihren Bauten im Stil der Zeit herstellen.

Seite 47

** Passage Pommeraye ❸

Die traumhaft schöne Einkaufspassage bildet eine Verbindung zwischen der Börse und der höhergelegenen Rue Santeuil. Der prächtige Konsumtempel aus der ersten Hälfte des 19. Jhs. erstreckt sich über drei Ebenen und besteht aus einer überdachten, hölzernen Treppe mit schmiedeeisernen Geländern, antikisierenden Säulen und kunstvoll gefertigten Laternen.

Vom oberen Ende der Passage führt die *Rue Crébillon* mit zahlreichen Modegeschäften bergan zur ***Place Graslin.** Die Säulenfassade des **Théâtre Graslin** dominiert den Platz. Das Haus, 1788 eingeweiht, wurde schon acht Jahre später durch einen Brand zerstört und 1810 wieder eröffnet.

Drei Museen

Nur wenige Schritte entfernt liegen drei Museen: das ** **Musée d'Histoire Naturelle** ❹ mit Abteilungen zur Mineralogie, Völkerkunde, Zoologie und Anatomie, das * **Musée Dobrée** ❺, das die Kunstsammlung des Reeders Thomas Dobrée zeigt, und das **Musée Archéologique** ❻, das nicht nur archäologische, sondern auch völkerkundliche Objekte präsentiert (🕓 tgl. außer Mo und Fei 10–12, 13.30–17.30 Uhr; das Naturkundemuseum ist auch So vormittags geschlossen und nachmittags 14–18 Uhr geöffnet).

Place du Commerce ❼

Die Place du Commerce steht bei den Einheimischen hoch im Kurs. In ihren zahlreichen Straßencafés kann man in der warmen Jahreszeit im Freien sitzen und Leute beobachten. Jenseits des breiten Cours F.-Roosevelt erstreckt sich die ehemalige **Ile Feydeau,** die erst durch die Aufschüttung eines Loire-Arms ihrer Existenz als Insel beraubt wurde. In diesem Viertel, wo noch einige sehenswerte Gebäude erhalten blieben, saßen einst die Sklavenhändler.

* Musée Jules-Verne ❽

Am Loire-Ufer westlich des Stadtzentrums erinnert das Museum an den Pionier des utopisch-technischen Abenteuerromans (3, rue de l'Hermitage; 🕓 tgl. außer Di und So vormittags 10–12, 14–17 Uhr). Am Cours Olivier-de-Clisson erblickte übrigens der Schriftsteller Jules Verne (1828–1905) das Licht der Welt.

Praktische Hinweise

Office de Tourisme, Place du Commerce, F-44000 Nantes, ☎ 02 40 20 60 00, FAX 02 40 89 11 99.

✈ Der Flughafen liegt 10 km südlich des Zentrums und wird von Air Inter und Air France angeflogen.
Bahnhof, 27, bd de Stalingrad, ☎ 08 36 67 68 69.

Grand Hôtel Mercure, 4, rue Couëdic, ☎ 02 51 82 10 00, FAX 02 51 82 10 10. Große und bestens ausgestattete Nobelherberge in zentraler Lage. $$
Mercure Beaulieu, Ile Beaulieu, ☎ 02 40 47 61 03, FAX 02 40 48 23 83. Hotel der oberen Preisklasse mit edel ausgestatteten Zimmern. $$
Cholet, 10, rue Gresset, ☎ 02 40 73 31 04, FAX 02 40 73 78 82. Das kleine Hotel liegt westlich des Zentrums und verfügt über keinen großen Komfort. $

L'Atlantide, 15, quai Ernest-Renaud, ☎ 02 40 73 23 23. Zu den Spezialitäten gehören Jakobsmuscheln in Muscadet. Sa mittags und So Ruhetag. $$

Le Cigale, 4, pl. Graslin, ☎ 02 51 84 94 94. Brasserie aus dem 19. Jh. mit zum Teil extravanganten Speisen. Die Meeresfrüchteplatte und die Nierchen schmecken exzellent. $
Le Pressoir, 11, allée de Turenne, ☎ 02 40 35 31 10. Grüner Spargel auf mariniertem Lachs steht neben Fleisch und Geflügel auf der Speisekarte. $
Taverne de Maître Kanter, 1, place Royale, ☎ 02 40 48 55 28. Auch nach Mitternacht werden hier hungrigen Nachtschwärmern schmackhafte Gerichte serviert. $

Disko-Fans finden leicht Anschluss im **Tie-Break** (1, rue des Petites Ecuries, ☎ 02 40 47 77 00), im **Milord** (84, rue Bonne Garde, ☎ 02 40 34 29 99) oder im **Quai West** (3, quai F.-Mitterand, ☎ 02 40 47 07 47).

Grabmal für François II und seine Frau Marguerite de Foix in der Cathédrale St-Pierre-et-St-Paul

Seite 47

Ausflüge in die Umgebung

Knapp 5 km östlich des Stadtzentrums stimmt das **Château Goulaine** Loire-Reisende auf die Landschaft am Unterlauf des Flusses ein. Das seit dem 15. Jh. existierende Schloss befindet sich noch immer im Besitz der Nachfahren seiner Erbauer. Von besonderem Reiz ist das Sumpfgebiet rundherum, in dem im Frühsommer die Seerosen auf den Tümpeln leuchten. Die Loire aufwärts liegt die kleine Ortschaft **Champtoceaux,** die im Mittelalter von einer trutzigen Burg bewacht wurde, von der nur eine Ruine übrig blieb.

Einkaufen mit Stil in der Passage Pommeraye

Über *Oudon* erreicht man schließlich das knapp 7000 Einwohner zählende **Ancenis.** Im Ortskern stammen noch viele Häuser mit wind- und wettererprobten Fassaden aus dem 16. und 17. Jh.

Das Restaurant **Les Terrasses de Bel Air** (etwas außerhalb an der Straße nach Angers; 1.–15. Aug. geschl.; $) könnte mit seiner leckeren bodenständigen Küche den Ausflug zu einem vollen Erfolg werden lassen.

Im Zentrum der Stadt

Route 1

Schlösser, Höfe, Herrensitze

Seite 51

Orléans – ** St-Benoît-sur-Loire – ** Bourges – * Château de Chambord – Orléans (337 km)**

Vierhundertvierzig Räume, zwölf repräsentative Aufgänge und 30 kleinere Treppen, 800 Kapitelle und eine Art Miniaturstadt auf dem Dach inmitten eines 5500 Hektar großen Parks, den eine 32 Kilometer lange Mauer umgibt: Chambord zwischen Orléans und Tours ist das prunkvollste unter den Schlössern im Loire-Tal. Doch außer prächtigen Residenzen warten eine hochinteressante romanische Klosterkirche in St-Benoît und einige reizvolle Kleinstädte auf Besucher. Wer nach den Besichtigungen wieder ein paar Kilometer Distanz zu den Touristenmagneten gewonnen hat, findet sich in einer beschaulichen Landschaft wieder, fern aller Hektik. Schließlich war und ist die Sologne dank ihres großen Wildbestands das bevorzugte Jagdgebiet der Mächtigen des Landes. Drei bis vier Tage sollten für die Tour mindestens veranschlagt werden.

Während der morgendlichen Rushhour scheint ganz **Orléans** (S. 26) auf den Beinen, besser gesagt im Auto unterwegs zu sein. Aber bereits wenige Kilometer südlich des Loire-Übergangs wird es schnell ländlich.

** St-Benoît-sur-Loire

Der Ort (500 Einw.) besitzt ein architektonisches Kleinod, das der Ortschaft zu Berühmtheit in ganz Frankreich verholfen hat. Um die Mitte des 7. Jhs. wurde in der Siedlung, die damals noch *Fleury* hieß, eine der ersten Klostergemeinschaften Galliens ins Leben gerufen, die es sich zum Ziel gemacht hatte, nach der Regel des hl. Benedikt zu leben. Der Begründer des abendländischen Mönchtums war rund hundert Jahre zuvor gestorben und in der Abtei Montecassino begraben worden. Um 672 überführen Mönche aus Fleury die sterblichen Überreste Benedikts von Nursia an die Loire, wodurch das Kloster zu einem bedeutenden Wallfahrtsort wurde.

Eine Blütezeit muss es um 1020 unter Abt Gauzlin erlebt haben. Er ließ den heutigen, ursprünglich freistehenden Vorhallenturm errichten. Seine grandiosen Figurenkapitelle zählen zu den schönsten Zeugnissen der frühen Romanik an der Loire. Seltsame Tiergestalten, Fratzen und Dämonen, aber auch Darstellungen der Flucht nach Ägypten und des hl. Martin sind aus dem hellen Kalkstein herausgearbeitet.

Knapp 50 Jahre nach Errichtung des Westbaus begannen die Mönche mit der Erneuerung ihrer Kirche von Ost nach West. Der älteste Teil ist die Krypta für die Reliquien des hl. Benedikt, die noch heute dort aufbewahrt werden. Der tiefe, romanische Chor wurde um 1100 gebaut, das Langhaus steht am Übergang zur Gotik.

Sully-sur-Loire

Das Schloss von Sully ähnelt der Kulisse eines Ritterromans. Durch den auf allen Seiten ummauerten Schlosshof sind die Räumlichkeiten zugänglich, die mit Wandteppichen, Ahnengalerien und altem Mobiliar fast wohnlich ausgestattet sind.

Ein bodenständiger Mittagstisch wird auf der **Ferme des Châtaigniers** in einer ländlichen Umgebung serviert. Das Restaurant liegt 2,5 km außerhalb von Sully-sur-Loire an der Rue du Faubourg St.-Germain.
☏ 02 38 36 51 98. ($)

Seite 51

Gien

Vom gegenüberliegenden, südlichen Flussufer gibt das knapp 17 000 Einwohner zählende Gien ein prächtiges Bild ab. Die von Platanen bestandene Promenade wird auf der Stadtseite von eng aneinandergedrängten Hausfassaden gesäumt, die den Ortskern fast wie eine Stadtmauer zum Flussufer hin abschotten. Über den roten Ziegeldächern thront das mächtige, von Ecktürmen überragte Schloss mit hohen Kaminen.

Im Sommer fließt das Wasser der Loire im breiten Bett gemächlich durch die Bögen des Vieux Pont. Gien blickt auf eine lange Geschichte zurück, die bis in die Zeit Karls des Großen zurückreicht.

Schloss Sully-sur-Loire

1

Seite 51

Tipp Für Gien typische Souvenirs kann man in der **Fayencerie de Gien** erwerben. Auf dem Gelände der Firma gibt es neben einem Museum eine Verkaufsausstellung mit vielen vor Ort gefertigten Töpfen, Schalen, Krügen und Tellern (78, pl. Victoire, am Ortsausgang Richtung Orléans, ☎ 02 38 67 00 05; ⌚ tgl. 10 bis 17 Uhr).

Unter dem Karl dem Großen soll am hügeligen Nordufer eine erste Burg erbaut worden sein. Das heutige, auf einem kleinen Plateau stehende **Schloss** (1484) wurde von Anne de Beaujeu, der damaligen Gräfin von Gien und Regentin für ihren Bruder Charles VIII, errichtet. Das **Musée International de la Chasse,** dessen Sammlungen Waffen, aber auch Kunstwerke mit Jagdmotiven umfassen, dokumentiert die lange Tradition der Sologne als königliches Jagdgebiet.

Prachtstück des Schlosses ist die Balkendecke im Großen Saal, der dem Jagdmaler von Louis XIV, François Desportes, gewidmet ist (⌚ tgl. 9.30 bis 18.30 Uhr; außerhalb der Hauptsaison kürzere Öffnungszeiten).

Office de Tourisme, Place Jean-Jaurès, F-45500 Gien, ☎ 02 38 67 25 28, FAX 02 38 38 23 16.

Le Rivage, 1, quai de Nice, ☎ 02 38 37 79 00, FAX 02 38 38 10 21. Kleines, vornehmes Hotel mit guter Küche (vor allem gebratener Zander). $$

Sanotel, 21, quai de Sully, ☎ 02 38 67 61 46, FAX 02 38 67 13 01. 60 gepflegte und wohnliche Zimmer. Die Sehenswürdigkeiten liegen nur einen kurzen Spaziergang entfernt. $

La Poularde, 13, quai de Nice, ☎ 02 38 67 36 05. Empfehlenswerte, unkomplizierte Küche. Das Lokal liegt am Loire-Ufer. Berühmt sind die Fischgerichte. So abends und Mo Ruhetag. $

Wasserschloss

Ein kurzer Abstecher führt von Gien nordwärts zu dem im 12. Jh. gegründeten **Schloss La Bussière,** das im Mittelalter die Gegend vor Einfällen der Burgunder schützen sollte. In den Religionskriegen wurde die katholische Festung von Protestanten belagert und zum Teil zerstört. Das kleine Wasserschloss könnte malerischer kaum liegen. Um seine alten Mauern dehnt sich ein kleiner See aus, den Schlosshof begrenzt ein Blumen- und Gemüsegarten. Am unterhaltsamsten ist das Schloss dort, wo es das Alltagsleben der ehemaligen Bewohner demonstriert, so in der Wäschekammer, in der Babywäsche neben altertümlichen Beinkleidern zum Trocknen aufgehängt ist. Außerdem beherbergt Bussière ein Fischereimuseum.

Auf dem Weg nach ** Bourges

Zurück in Gien, geht es in Richtung Süden ins Berry. Die abwechslungsreiche Landschaft mit ihren duftenden Kiefernwäldern und schattigen Tälern galt lange Zeit als Kornkammer Frankreichs. Um 1400 erlebten hier Kunst und Kultur eine Blütezeit unter Herzog Jean de Berry.

Argent-sur-Sauldre besitzt ein neben den großen Konkurrenten der Gegend bescheiden wirkendes Schloss aus dem 16. Jh. Im Nordwesten der Ortschaft staut ein Damm das muntere Flüsschen Sauldre zum *Etang du Puits.* Ursprünglicher Zweck des Sees war die Bewässerung der umliegenden Felder und die Trinkwasserversorgung der Ortschaften. Heute kommen an den Sommerwochenenden Familien mit Schlauchbooten und Picknickkörben an die bewaldeten Ufer.

Im Hundertjährigen Krieg gegen die Engländer erhielt der französische

1

Seite 51

Dauphin Charles u. a. auch Unterstützung aus Schottland. Als Kapitän der schottischen Garden legte sich John Stuart of Darnley so sehr ins Zeug, dass ihm der Dauphin als Dank dafür im Jahre 1423 die Ortschaft **Aubigny-sur-Nère** schenkte. John Stuart siedelte dort zahlreiche seiner Landsleute an und begründete im Ort kleine Weberei- und Glasbetriebe. Aubigny wurde erst wieder französisch, als die männliche Linie der Stuarts während der Herrschaft des Sonnenkönigs ausstarb.

Die Brücke Pont Vieux führt über die Loire nach Gien hinein

In dem im 16. Jh. erbauten Schloss stapeln sich heute die Akten der Stadtverwaltung. Die turmbewehrte Anlage imponiert vor allem vom unregelmäßig geschnittenen Schlosshof aus.

Gleichzeitig mit Aubigny vermachte Charles VII seinem Verbündeten das entzückende * **Château de la Verrerie.** Später wurde das Schloss vergrößert, umgebaut und schließlich im Auftrag von Robert Stuart während der Renaissance fertig gestellt. Auf einer großen Wiese am Rand des Waldes von Ivoy und am Ufer der sich zu einem kleinen See verbreiternden Nère gelegen, gibt das Château de La Verrerie ein wahrhaft herrschaftliches Bild ab. Um den Innenhof zieht sich ein Arkadengang mit Wandgemälden, an denen zum Teil der Zahn der Zeit genagt hat. Zum Schloss gehört eine mit Fresken ausgemalte Kapelle gleich neben dem mit Türmchen verzierten Eingang.

Fayencemanufaktur von Gien

In **La Chapelle d'Angillon** kam 1886 der Schriftsteller Henri Alain-Fournier zur Welt, der seinen Roman *„Le Grand Meaulnes“* („Der Große Kamerad“) in dieser Gegend spielen ließ. Sein ehemaliges Haus abseits der D 940 ist zum Touristenziel geworden.

Im nahen *Château de Béthune* ist dem Autor, der einen starken Einfluss in den 20er und 30er Jahren auf die franz. Literatur ausübte, ein Museum gewidmet.

Am Etang du Puits nordwestlich von Argent-sur-Sauldre

1
Seite 51

In der kleinen Ortschaft **La Borne** inmitten von Wäldern, Wiesen und Ackerflächen ließen sich schon vor Jahrhunderten Töpfer nieder, die in der hier vorhandenen Tonerde ein gutes Arbeitsmaterial fanden. Heute ist die einstige Handwerkersiedlung auf eine kleine Künstlerkolonie zusammengeschrumpft.

Im Süden der Solonge

Der Fluss Cher markiert von ** **Bourges** über die Industriestadt **Vierzon** bis nach **Selles-sur-Cher** die Südgrenze der Sologne, die sich in nördlicher und westlicher Richtung bis zur Loire erstreckt. Größere Städte gibt es nicht in diesem von Wäldern und Heidelandschaft geprägten Gebiet. Bis ins 19. Jh. bestanden weite Teile aus Sümpfen, die unter Napoleon nach und nach durch Kanäle trockengelegt und mit Kiefern bepflanzt wurden. So entstand auf fast der Hälfte der Fläche Bauernland für Obst- und Maiskulturen sowie Weideflächen für die Viehhaltung.

Tipp Fahrräder und Mountainbikes für Touren um Romorantin-Lanthenay kann man sich bei **O.T.S.I.** (Place de la Paix, ☎ 02 54 76 43 89) auslehen.

Wichtigste Stadt dieser provinziellen Ecke ist **Romorantin-Lanthenay** mit knapp 20 000 Einwohnern, das trotz aller Entwicklung in den vergangenen zwanzig Jahren auf seine Weise an die Tradition der Sologne anknüpft.

Die alten, im Sommer von blühenden Geranien geschmückten Fachwerkfassaden und ehemalige Mühlenbetriebe spiegeln sich in der Sauldre, die um die Stadt ihre vielen kleinen Arme ausbreitet. François Ier verbrachte in Romorantin seine Kindheit und Jugend.

Er blieb seiner Heimat auch in späteren Jahren treu und beauftrage Leonardo da Vinici 1517 für die Königinmutter hier eine Residenz zu entwerfen, doch der Tod von Louise de Savoie vereitelte den Plan.

Westlich der Brücke über die Sauldre bilden die Gebäude dreier ehemaliger Mühlen kleine Inseln im Fluss. Die alten Anlagen wurde in der ersten Hälfte der 90er Jahre um- und ausgebaut und 1995 als neues *Musée de Sologne* eröffnet. Alte Trachten, Handwerksgeräte und vielfältige andere Gegenstände vermitteln einen lebendigen Eindruck von Land und Leuten (🕓 April bis Okt. 10–18 Uhr, Nov. bis März 10–12, 14–18 Uhr; Di geschl.; So, Fei außer Jan. bis Mai 14–18 Uhr).

Office de Tourisme, Place de la Paix, F-41200 Romorantin-Lanthenay, ☎ 02 54 76 43 89, Fax 02 54 76 96 24.

Grand Hôtel Lion d'Or, 69, rue Clemenceau, ☎ 02 54 94 15 15, Fax 02 54 88 24 87. Luxushotel der Spitzenklasse mit einem bekannten Spezialitätenrestaurant. $$$
La Pyramide, Rue Pyramide, ☎ 02 54 76 26 34, Fax 02 54 76 22 28. Einfache, aber saubere Zimmer. $

Le Lanthenay, im Stadtteil Lanthenay, Place de l'Eglise, ☎ 02 54 76 09 19. Zum Teil raffinierte Gerichte wie Blätterteigpasteten, in der kühleren Jahreszeit auch Austern und Deftiges wie Schweinsfüße. $$$
La Cabrière, 30, av. Villefranche, ☎ 02 54 76 38 94. Einfachere, aber sehr schmackhafte Gerichte aus frischen Zutaten. So und Mo abends geschl. $

Aus der Vogelschau sieht die Landschaft nördlich von Romorantin-Lanthenay aus wie ein aus Nadelwäldern, Wiesen und kleinen Weihern bestehender Flickenteppich. Vor 200 Jahren, vor der teilweisen Trockenlegung, litt die Bevölkerung in dieser feuchten Gegend noch schwer unter den weitverbreiteten Fieberseuchen.

Im kleinen Museum des Wasserschlosses La Bussière wird Alltagsleben demonstriert

Seite 51

*** Château de Chambord

Unübersehbare Schilder weisen den Weg durch das ehemalige königliche Jagdgebiet zum zentralen Eingang des Château de Chambord in der ausgedehnten Forêt de Boulogne. Die Begleiterscheinungen des Massentourismus, riesige Parkplätze, Imbissbuden, Restaurants, Gartencafés und Souvenirläden fallen hier besonders ins Auge.

Das berühmteste aller Loire-Schlösser ragt wie eine gigantische Fata Morgana aus der Ebene auf. Der Prachtbau aus dem frühen 16. Jh. war der Stein gewordene Traum von François Ier, sein ganz persönliches Denkmal. Abends, wenn die tiefstehende Sonne Schattenspiele auf die über 150 m lange Westfassade wirft, enthüllt Chambord seinen besonderen, fast orientalisch anmutenden Zauber.

Wo dieses Schloss der Schlösser entstand, hatte zuvor ein mittelalterlicher Jagdsitz gestanden. Für seine Selbstdarstellung war dem Souverän kein Preis zu hoch, kein Aufwand zu groß.

Ähnlich wie später in Versailles waren auch für Chambord umfangreiche Fundamente im sumpfigen Untergrund nötig. François Ier konsultierte für Chambord nicht nur Leonardo da Vinci, sondern holte auch den florentinischen Bildhauer, Goldschmied und Schriftsteller Benvenuto Cellini sowie den Maler Francesco Primaticcio aus Bologna an seinen Hof. Nur die Ebbe in den königlichen Kassen ließ die Architekten den Plan aufgeben, die Loire nach Chambord umzuleiten. Man begnügte sich damit, dem kleinen Flüsschen Cosson ein neues Bett vor der Westfassade des Schlosses zu graben.

François Ier selbst hat die Vollendung von Chambord nicht mehr erlebt und angeblich auch nur etwa 40 Nächte dort verbracht. Auch seine Nachfolger nutzten die königlichen Gemächer nicht in dem Maße, wie es ursprünglich wohl geplant war. Sollte ihnen die eigentlich sehr rational und klar konzipierte Anlage doch zu unbequem, unwohnlich oder weitläufig gewesen sein? Der Sonnenkönig hielt sich mehrmals in der Sologne auf, wo Molière und der Komponist Jean-Baptiste Lully Feste für ihn arrangierten. Als Anerkennung für den Sieg über die Engländer in der Schlacht von Fontenoy vermachte Louis XV den Besitz dann dem Grafen Moritz von Sachsen. Als der Marschall zwei Jahre später in seinem Schloss starb, fiel es an die Krone zurück. Seit 1932 gehört es dem französischen Staat.

Die Innenräume von Chambord waren lange Zeit völlig leer, erst nach und nach wurden sie wieder möbliert. Doch selbst mit Brüsseler Wandteppichen und historischen Ölbildern, wertvollen Täfelungen und wundervollen Kassettendecken wirken die Räume monumental und nicht eben behaglich. Die Hauptattraktion von Chambord ist neben der wunderbaren Treppe nach wie vor die Dachterrasse, die mit ihren Pavillons, Türmchen, Schornsteinen und Balustraden wie eine winzige, ganz symmetrische Idealstadt wirkt. Für eine schlichte Aussichtsterrasse wäre der Aufwand jedenfalls etwas übertrieben. (Okt. bis März 9.30–17.15, sonst bis 18.15 Uhr, Juli–Aug. bis 19.15 Uhr).

Centre d'Information Touristique, Place St-Michel, F-41250 Chambord, ☏ 02 54 20 34 86, FAX 02 54 20 34 69.

Le Grand St-Michel, direkt am Haupteingang zum Schloss, ☏ 02 54 20 31 31, FAX 02 54 20 36 40. Das gut geführte Mittelklassehotel besitzt ein eigenes Restaurant mit ordentlicher Küche. Mitte Nov. bis Mitte Dez. geschl. $

Le Saint-Florent, 9 km von Chambord entfernt in Mont-Près-Chambord, 14, rue Chabardière, ☏ 02 54 70 81 00. Liebhaber von Fischgerichten kommen in diesem Restaurant voll auf ihre Kosten. $

1

Seite 51

Cléry-St-André

Direkt an der Durchgangsstraße steht in Cléry-St-André die Basilique Notre-Dame-de-Cléry aus dem 15. Jh. Über mehrere Generationen erfuhr der Bau die Förderung der Königsfamilie. Besonders tat sich aufgrund eines Gelöbnisses Louis XI hervor, der nach seinem Tod im Jahr 1483 hier seine letzte Ruhestätte fand. Das prachtvolle Grabdenkmal schmückte ursprünglich eine Bronzestatue, die in den Religionskriegen zerstört wurde. An ihrer Stelle steht heute die 1622 gefertigte Marmorstatue des Königs. Die sterblichen Überreste Louis' XI und die seiner Gemahlin Charlotte de Savoie sind in einer schlichten Gruft beim Kenotaph bestattet.

Chambord, das berühmteste aller Loire-Schlösser

Das Geheimnis von Chambord

Die unendlich scheinenden Fluchten des Prachtschlosses Chambord mögen seit Jahrhunderten so manches Geheimnis hüten. Zu ihnen gehört die berühmte Wendeltreppe, die im Zentrum des Donjon über drei Etagen bis auf das Dach des Schlosses mit der nicht minder faszinierenden Terrasse führt. Dieser Aufgang ist nicht nur dank seines reizvollen Dekors ein optischer Genuss, sondern schon in seiner Anlage ein Geniestreich des Architekten. Denn die Treppe besteht aus zwei gegenläufigen Spiralen, sodass hinauf- bzw. heruntersteigende Personen sich zwar durch den durchbrochenen Kern sehen können, sich aber nicht begegnen.

Immer wieder wurde über den Urheber dieser Treppe spekuliert. Bekannt sind die Namen mehrerer französischer Architekten, die an Chambord arbeiteten, sowie die Mitwirkung des aus Italien stammenden Domenico da Cortona, der den Titel „Baumeister der königlichen Bauten" trug. Eine wie auch immer geartete Einflussnahme Leonardos auf Chambord gilt inzwischen ebenfalls als gesichert. Seit 1517 lebte er als Gast von François Ier in Amboise. Zwar starb Leonardo im Mai 1519, als die Arbeiten in Chambord gerade erst begannen, es scheint jedoch sehr unwahrscheinlich, dass François den Künstler nach Frankreich geholt, ihn dann aber ausgerechnet bei der Errichtung seines persönlichen Denkmals nicht konsultiert hätte.

Das Schloss Chambord stellt eine einzigartige Verbindung von Traditionen und ganz neuen Zügen sowie französischer und italienischer Stilelemente dar. Modernster Teil der Anlage ist zweifelsfrei die streng symmetrische rationale Gliederung des Donjons mit der völlig neuartigen Treppe im Zentrum. Diese Konzeption dem greisen Leonardo zuzuschreiben ist sicherlich sehr naheliegend. *Der* Architekt von Chambord und ein umfassender Gesamtplan dürften angesichts der langen Bauzeit des Schlosses und der damaligen Gepflogenheiten allerdings wohl kaum zu finden sein.

Route 2

2

Seite 59

Steinerner Prunk im Bauernland

***Blois – Talcy – Vendôme – **Château de Chaumont – *Valençay – **Château de Cheverny (320 km)**

Blésois heißt der schöne Landstrich, in dem mehr Schlösser und Herrensitze gebaut wurden, als irgendwo sonst in Frankreich. Die Tour rund um Blois macht mit den üppigen Reizen dieser Gegend vertraut, führt durch Dörfer und Landstädtchen mit fürstlichen Residenzen, in denen einst nicht nur höfischer Glanz zelebriert, sondern neben maßlosen Ausschweifungen auch so manch finstere Intrige von den illustren Gästen gesponnen wurde. Aus dem Rahmen fällt Trôo, wo noch heute Menschen in Höhlen wohnen und das ganz freiwillig! Zwei bis drei Tage dürften für die Reise in die höfische Vergangenheit ausreichen.

*Blois

Mitten im heutigen Zentrum ließen die Herren von Blois (52 000 Einw.) schon im 10. Jh. eine Burg errichten. In den zwei folgenden Jahrhunderten wurde die Grafschaft zu einem einflussreichen Machtfaktor in Frankreich.

Das goldene Zeitalter dämmerte mit der Renaissance herauf, als Louis XII, kriegsmüde nach seiner Rückkehr aus Italien, die Stadt 1498 zu einer seiner Residenzen machte. Hoch zu Ross ließ sich der Monarch über dem Haupteingang des Schlosses darstellen.

*Château

Die Fassade des von Louis XII errichteten Flügels wirkt besonders reizvoll wegen des Kontrasts zwischen den roten Ziegelsteinen und den Ecksteinen und Fensterfassungen aus hellem Tuff. Die Architektur zeigt deutlich den Übergang von der Gotik zur Renaissance, die den Monarchen auf seinen Italienfeldzügen so beeindruckt hatte. Vollzogen ist der Stilwechsel am angrenzenden Flügel von François Ier. Prachtstück dieses Traktes ist der achteckige, durchbrochene Treppenturm. Unter anderen symbolträchtigen Schmuckformen zeigt er den Salamander, das Emblem des Königs, das an die Stelle des Stachelschweins am Flügel von Louis XII getreten ist.

Den dramatischsten Abschnitt in der Geschichte des Schlosses bildeten die Religionskriege: Henri III war 1574 zusammen mit seiner Mutter Katharina von Medici aus dem von der Katholischen Liga beherrschten Paris nach Blois geflohen.

In den ehemaligen Gemächern von Henri III ließ der König 1588 den Katholikenführer Henri de Guise auf heimtückische Weise ermorden (S. 61).

Stadtrundgang

Zwischen Schloss und Loire liegt die holprige **Rue St-Lubin,** wohl eine der ältesten Straßen von Blois mit schiefen Fachwerkhäusern. In manchen sind rustikale Restaurants eingerichtet.

Giftvorrat

Katharina soll besonders stolz auf ihr holzgetäfeltes *Privatkabinett* im Schloss mit versteckten Schubladen und Fächern gewesen sein, die nur mit verborgenen Fußhebeln zu öffnen waren. Obwohl derartige Aufbewahrungsorte für Privates und Geheimpapiere sicherlich keine Seltenheit waren, läuft den Besuchern noch heute ein Schauer über den Rücken, wenn ihnen von den Giftfläschchen erzählt wird, die die Königinmutter hier versteckte.

Zu den sehenswerten Sakralbauten gehört die Abteikirche **St-Nicolas** aus dem 12. und 13. Jh. mit einer schönen Westfassade. Malerisch mittelalterlich gibt sich Blois mit stolzen Patrizierhäusern Richtung Kathedrale, im Viertel um die **Rue des Juifs** und die **Rue du Puits-Châtel.** Über dem Viertel thront die **Cathédrale St-Louis** aus dem 17. Jh. Die rund 500 Jahre alte **Maison des Acrobates** zeigt an ihrem Gebälk geschnitzte Figuren, die wie Fassadenkletterer die Hauswand erklimmen.

Stadteinwärts dehnt sich unterhalb des Schlosses auf der **Place Victor-Hugo** eine kleine, von Straßen umringte Parkanlage aus. Sowohl die mächtige Fassade als auch der Innenraum der **Eglise St-Vincent** wirken etwas düster. Viel freundlicher präsentiert sich der benachbarte, nach der Gemahlin von

Prachtstück des Schlosses von Blois ist der Treppenturm

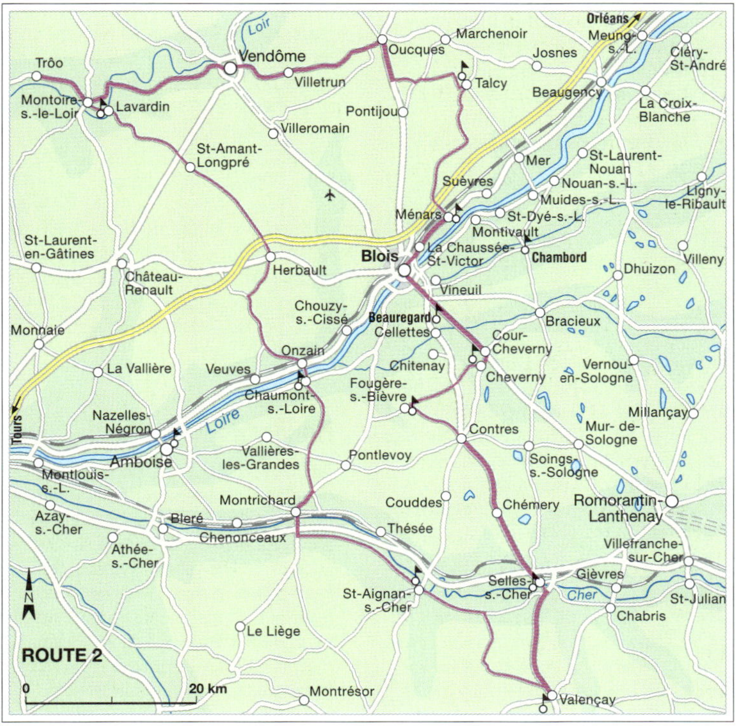

2
Seite 59

Charles VIII und Louis XII benannte **Pavillon Anne de Bretagne,** der heute das Verkehrsamt beherbergt.

Office de Tourisme, 3, av. Jean-Laigret, F-41000 Blois, Pavillon Anne de Bretagne, ☎ 02 54 90 41 41, Fax 02 54 90 41 49.

Bahnhof, Place de la Gare, ☎ 02 47 20 50 50. Züge nach Orléans, Tours, Amboise, Angers und Paris.
Gare routière, 2, pl. Victor-Hugo, ☎ 02 54 78 15 66. Im Gegensatz zu den innerstädtischen Bussen verkehren die Überlandbusse ab Bahnhof SNCF.

Holiday Inn, 26, av. Maunoury, ☎ 02 54 55 44 88, Fax 02 54 74 57 97. Am nördlichen Stadtrand gelegenes komfortables Haus mit Restaurant. $$
Le Médicis, 2, allée François Ier, ☎ 02 54 43 94 04, Fax 02 54 42 04 05. Kleines, freundliches Hotel mit eigenem Restaurant. $
Le Lys, 3, rue Cordeliers, ☎ 02 54 74 66 08, Fax 02 54 78 35 74. Haus ohne speziellen Komfort, aber in günstiger Lage zum Stadtzentrum. $

Rendez-vous des Pêcheurs, 27, rue Foix, ☎ 02 54 74 67 48. Gute Fischgerichte und verlockende Nachspeisen, gemütlich-elegante Atmosphäre. $$
Domaine des Hauts de Loire. Das Nobelrestaurant in Onzain zwischen Blois und Amboise (3 km außerhalb an der D1), ☎ 02 54 20 72 57 bietet nicht nur eine ausgezeichnete Küche, sondern auch eine Getränkekarte auf der preisgekrönten Spitzenweinene keinen Seltenheitswert haben. $$

Fürs leibliche Wohl lässt sich im Juli und August auf dem **Marché du Terroir** sorgen, einem kunterbunten Straßenmarkt mit allen Spezialitäten der Region (Place du Château, jeden Donnerstag nachmittag).

Nördlich von * Blois

Nur 6 km von Blois entfernt steht inmitten einer liebenswerten Gartenlandschaft das im 17. Jh. erbaute **Château de Ménars.** 1760 erwarb die Marquise de Pompadour, Geliebte von Louis XV, die Anlage und entschloss sich, sie vom Hofarchitekten Jacques-Ange Gabriel umbauen zu lassen. (Die Öffnung des Schlosses für die Öffentlichkeit wird laut Verkehrsamt Blois vorbereitet.)

Tipp Eine Schlössertour per Heißluftballon bietet das Unternehmen Aérocom von Blois und Cheverny aus an (Les Charbonneries, Contres, ″ 02 54 79 53 64, ˇ 02 54 79 67 39).

Mitten im Dorf **Talcy** reckt der mächtige Hauptbau des *Schlosses* seine beiden achteckigen Türme in den Himmel, die der Anlage einen burgartigen Charakter verleihen. Trotz seiner trutzigen Architektur mit Schießscharten und Wehrgängen hat Talcy nicht mit kriegerischen Ereignissen, sondern durch eine Liebesgeschichte von sich reden gemacht. Das Schloss (13. Jh.) wurde zu Beginn des 16. Jhs. von einem der Familie Medici verbundenen Florentiner Bankier namens Bernard Salviati erworben. Die mittelalterlichen Räume vermitteln mit ihren Wandteppichen und dem Mobiliar einen behaglichen Eindruck und wirken viel wohnlicher als das bei vielen anderen Schlössern der Fall ist.

Ronsards Muse

Der Dichter Pierre de Ronsard widmete der Tochter Salviatis, Kassandra, zahlreiche Sonette, nachdem er die 15-jährige Schönheit im Schloss von Blois bei einem Frühlingsball kennengelernt hatte. Ronsard verglich seine Angebetete mit einer Rose, und im Schlosshof rankt als Vermächtnis dieser Liebesbeziehung ein Rosenstrauch um einen Brunnen.

Der Meuchelmord von Blois

In den Jahren zwischen 1562 und 1598 wurde Frankreich vom Streit zwischen Katholiken und Protestanten zerrissen. Der Konflikt war gleichzeitig eine Auseinandersetzung zwischen mächtigen Adelsfamilien und eine ernsthafte Bedrohung für die französische Monarchie, die unter Henri IV jedoch letztlich gestärkt daraus hervorging. Das Schloss von Blois war im Dezember 1588 Schauplatz eines wichtigen Ereignisses im Rahmen dieser blutigen Kämpfe. Damals hatte König Henri III die Generalstände einberufen, die ganz im Banne des Herzogs Henri de Guise, des Führers der Katholischen Liga, standen. Der König bangte – wohl zu recht – um seinen Thron und wusste sich offenbar nicht anders zu helfen, als seinen schärfsten Widersacher brutal ermorden zu lassen. Der Herzog wurde von einem Diener zu Henri III bestellt und im Alten Kabinett von einer Übermacht mit Dolchen und Degen bewaffneter Männer überfallen. Obwohl de Guise erstaunliche Kräfte besaß, wurde er von vier seiner Gegner zu Boden geschleudert, und nachdem er von einem weiteren mit einer metallenen Bonbonniere verletzt worden war, wurde er schließlich überwältigt. Henri III überlebte den heimtückischen Meuchelmord nur um acht Monate. Dann starb auch er eines unnatürlichen Todes, nachdem ihm ein Attentäter schwere Verletzungen zugefügt hatte.

2
Seite 59

Vendôme (18 000 Einw.) passt gut in sein ländliches Ambiente. Nur die zerbröckelnden Mauerreste einer Burgruine lassen auf die gar nicht so friedliche Geschichte des Städtchens schließen. Seine geographische Lage und die Wirren des Hundertjährigen Krieges machten es zum Zankapfel zwischen England und Frankreich. Dessen nicht genug. Auch in der sehr wechselvollen Zeit der Religionskriege litt die Stadt Vendôme schwer, als die Einwohner ihre Sympathie für die Katholische Liga teuer bezahlen mussten.

Unterhalb der Burgruinen dehnt sich am Ufer des Flüsschens Loir (nicht zu verwechseln mit der großen Loire) die historische Altstadt um die ehemalige *Abtei* aus. Diese war 1040 geweiht worden und besitzt eine eindrucksvolle gotische Klosterkirche. Als Reliquie verehrt

Blois: Das Wappentier von Louis XII

Salamander und Hermelin zieren den Prunkkamin in Blois

2

Seite 59

Wohnen in Höhlen

Schon in prähistorischer Zeit bildete der Kalkstein im Tal der Loire und entlang ihrer Nebenflüsse mit natürlichen Höhlen für die Menschen einen idealen Schutz vor der Witterung. Selbst noch im Mittelalter wusste die Bevölkerung die Vorteile des unterirdischen Wohnens zu schätzen. Daran hat sich bis heute grundsätzlich nichts geändert. Ganze Dörfer entstanden im und unter dem recht weichen Fels. Außer an den Frontfassaden war kein Mauerwerk notwendig.

man hier u. a. die hl. Träne, die Christus am Grab des Lazarus vergossen haben soll.

Doch statt Mönchen füllen inzwischen Touristen die Räume und interessieren sich für die Wandgemälde und die in einem kleinen Museum zusammengetragene religiöse Kunst (🕓 tgl. außer Di 10–11.30, 14–17.30 Uhr).

Office de Tourisme, Hôtel du Saillant, Parc Ronsard, F-41100 Vendôme, ☎ 02 54 77 05 07, ℻ 02 54 73 20 81.

Manoir de la Forêt, bei La Ville-aux-Clercs, etwa 12 km nördlich, ☎ 02 54 80 62 83, ℻ 02 54 80 66 03. Das Hotel besitzt einen ehemaligen Jagdpavillon mit hübscher Gartenterrasse. Die ruhigen Zimmer sind geschmackvoll eingerichtet. Die Küche bietet u. a. ausgezeichnete Fischspezialitäten. $$$
Vendôme, 15, Faubourg Chartrain, ☎ 02 54 77 02 88, ℻ 02 54 73 90 71. Gediegenes Hotel am Rand der Altstadt, Restaurant mit regionalen Gerichten. $$

Auberge de la Madeleine, Place de la Madeleine, ☎ 02 54 77 20 79. Schmackhafte regionale Küche, im Herbst auch Wild. Mi Ruhetag. $$

Im Westen von Vendôme zieht der Loir große Schleifen durch die Landschaft. Das hübsche **Montoire-sur-le-Loir** war eine Station der Pilger auf ihrem Weg ins spanische Santiago de Compostela oder auch nur auf der Strecke zum Grab des hl. Martin in Tours. Die *Kapelle* des einstigen Benediktinerpriorats, dessen bekanntester Prior der Dichter Ronsard war, besitzt bedeutende romanische Fresken. Im Süden von Montoire, wo der Loir einen abrupten Schlenker nach Norden macht, liegen am steilen Ufer die Häuschen von ***Lavardin.** Kein Geringerer als Richard Löwenherz belagerte Ende des 12. Jhs. diese Burg. Dass das Unterfangen erfolglos blieb, sprach für die damalige Wehrhaftigkeit der Anlage. Heute zerbröckeln die Mauern zu Staub und was übrigbleibt, scheint hauptsächlich der Efeu zusammenzuhalten. Der unterhalb der Burgruine gelegenen *Eglise St-Genest* ist bis jetzt ein ähnliches Schicksal erspart geblieben.

Für Sehenswürdigkeiten ganz anderer Art ist die Ortschaft **Trôo** (320 Einw.) bekannt. Trôo ist nicht das einzige Höhlendorf an der Loire, aber eines der bekanntesten. An der am Flussufer gelegenen *Place de la Libération* beginnt der Treppenaufstieg zu einer Reihe von Wohnungen, über deren Komfort Nichteingeweihte nur staunen können. Sie ziehen sich hoch über den normalen Häusern an einer Bergflanke entlang, der ein schmaler Pfad folgt.

Tipp Für eine Mittagspause empfiehlt sich das **Cheval Blanc** in Trôo mit seiner gutbürgerlichen Küche (Rue A.-Arnault, ☎ 02 54 72 58 22; Mo und Di mittags geschl.; $$).

Südlich von *Blois

Zurück an der Loire, ist schon von weitem hoch über den Häusern des Dorfs das ****Château de Chaumont** zu erkennen. Vielleicht täuscht der Eindruck, aber die mächtigen Mauern und gedrungenen Rundtürme strahlen eine gewisse Melancholie aus, was mit der

Geschichte des Schlosses zusammenhängen mag. Denn nach dem Tod ihres Gemahls Henri II im Jahr 1559 zwang Katharina von Medici ihre große Nebenbuhlerin Diane de Poitiers, ihren Lieblingssitz Chenonceau zu verlassen und im Tausch Chaumont zu akzeptieren. Im Gegensatz zu Katharina bewohnte Diane de Poitier Chaumont jedoch kaum. (🕓 tgl. 9.15–11.35, 13.45–17.35 Uhr).

Richard Löwenherz belagerte die Burg in Lavardin

2

Seite 59

Über dem Steilufer des Cher wacht schon seit dem frühen 11. Jh. der Donjon von **Montrichard,** der auf Befehl des Grafen von Anjou errichtet wurde. In dem verwinkelten Städtchen **St-Aignan-sur-Cher** gilt der Besuch zur Abwechslung nicht dem Schloss, es ist der Öffentlichkeit nicht zugänglich, sondern der *Kirche*. Ihre Krypta ist mit schönen Fresken aus dem 12. Jh. ausgemalt.

Frühromanische Fresken schmücken die Wände der Eglise St-Genest in Lavardin

Tipp Auf der Domaine de la Girardière bei der Ortschaft St-Aignan werden das ganze Jahr über kostenlose **Weinproben** angeboten (Patrick Leger, ☎ 02 54 75 42 44, FAX 02 54 75 21 14).

Le Clos du Cher, Route de St-Aignan, F-41140 Noyers-sur-Cher, ☎ 02 54 75 00 03, FAX 02 54 75 03 79. Nobelunterkunft in einer gepflegten Parkanlage mit nur 10 Zimmern. $$$

Grand Hôtel St-Aignan, F-41110 St-Aignan, an der Durchgangsstraße, ☎ 02 54 75 18 04, FAX 02 54 75 12 59. Ordentliches Hotel mit ruhigen Zimmern und eigenem Restaurant, in dem Fisch- und Fleischspeisen auf den Tisch kommen. $$

Die Fahrt nach ***Valençay** (3000 Einw.) wird mit dem Besuch in einem weiteren Renaissanceschloss belohnt. Porträts und Ahnengalerien machen die langen Flure zu einem Geschichtsmuseum. Im größten Raum des Schlosses hängen böhmische Kronleuchter von den

Höhlenwohnung in Trôo

2

Seite 59

Decken, und die Sitzmöbel sind Geschenke spanischer Hofdamen. Der bei einer Schlossführung am häufigsten auftauchende Name ist derjenige von Fürst Talleyrand. Zuerst Bischof, dann Präsident der Nationalversammlung und unter Napoleon französischer Außenminister, kaufte er das herrschaftliche Anwesen 1805 und ließ es im Stil des Empire für private und offizielle Zwecke neugestalten.

Auberge St-Flacre, im Ortsteil Veuil, 6 km südlich an der D 15, ☏ 02 54 40 32 78. Rustikales Ambiete Charme und ein ausgezeichnetes Essen erwarten den Gast. (S)

Der ehemaligen Wohnsitz des königlichen Schatzmeisters Pierre de Refuge in * **Fougères-sur-Bièvre** macht noch ganz den Eindruck einer trutzigen Festung, der nur die Gräben, die Zugbrücke und Schießscharten fehlen. An diesem Bau aus dem 15. Jh. findet sich keine Spur von Eleganz oder aufwendigem Dekor. Nur einige spätere An- und Umbauten mildern diesen Eindruck.

Tipp Eine kostenlose **Weinprobe** mit den guten Tropfen der Region kann man südlich von Blois in Fougères sur Bièvre genießen (Domaine du Salvard; ☏ 02 54 20 28 21. ganzjährig).

Relais des Landes, Ouchamps, 2 km nordwestlich von Fougères-sur-Bièvre, ☏ 02 54 44 40 40, FAX 02 54 44 03 89. Stilvolle Unterkunft mit komfortabel ausgestatteten Zimmern in einem restaurierten Herrenhaus. (S))

Galerie des Illustres

Die eigentliche Attraktion des Château de Beauregard ist die Galerie des Illustres, eine Porträtsammlung aus dem 17. Jh. mit über 300 Bildern französischer Könige und ihrer bekannten Zeitgenossen.

Wie sehr sich die Architektur der Loire-Schlösser voneinander unterscheidet, macht das ** **Château de Cheverny** deutlich. Es gehört mit Blois und Chambord zu dem Dreigestirn der berühmten Sologne-Schlösser. Außer seiner Popularität hat es mit seinen beiden Nachbarn allerdings nichts gemein. Cheverny wurde zwischen 1628 und 1648 erbaut, als die große Zeit der Loire als Domizil der Könige schon zu Ende war. Die blendend weiße Anlage beeindruckt mit einer klassischen Fassade, mit Symmetrie und Ausgewogenheit. Sogar die akkuraten Rasenparterres der Parkanlagen wirken im Vergleich zu den Renaissance- oder Barockgärten reichlich streng.

Tipp Wer im Urlaub nicht ohne Golf auskommt, hat auf der Anlage **Golf du Château de Cheverny** Gelegenheit für seinen Lieblingssport. Im Clubheim kann man auch essen (La Rousselière, ☏ 02 54 79 24 70. (S))).

Das Schloss ist noch immer in Privatbesitz. Seine Innenräume sind mit flämischen Wandteppichen, Ledertapeten und kostbaren Möbeln ausgestattet. Dass sich die Nachfahren Huraults für herbstliche Hetzjagden begeistern, macht die 70-köpfige Meute von Jagdhunden im Hundezwinger deutlich (tgl. 9.30–12, 14.15–17.30 Uhr, in der Hauptsaison 9.15–18.30 Uhr).

Das **Château de Beauregard,** das letzte Juwel auf dem Rückweg nach Blois, versteckt sich im dichten Waldgebiet von Russy, wo Frankreichs Adel schon vor Jahrhunderten große Treibjagden veranstaltete.

Das Schloss selbst hatte sich um die Mitte des 16. Jhs. der hochgebildete Staatssekretär von Henri II, Jean du Thier, als Landsitz anlegen lassen (Febr. bis März Do–Di 9.30–12, 14 bis 17 Uhr, Apr. bis Sept. tgl. 9.30–12, 14–18.30 Uhr, Juli/Aug., Okt. bis Dez. Do–Di 9.30–12, 14–17 Uhr).

Königliches Gästezimmer in Schloss Valençay

Route 3

3

Seite 67

Kreuz und quer durch die Touraine

***Amboise – **Château de Chenonceau – **Loches – **Azay-le-Rideau – *Château de Langeais – **Château de Villandry – *Amboise (180 km)**

„Am Abend wurde ein Fest für den König, alle Fürsten und Herren und für den Hof gegeben ... Die Bekleidung der Damen war aus Silberstoff, Blau und Inkarnat, das Haupt ganz mit Edelsteinen bedeckt und die Männer in Samt und Seide in Blau, Weiß und Inkarnat mit silbernen Tressen." Rauschende Feste mit aufwändiger Garderobe, wie sie auch diese Chronik aus dem Jahr 1563 beschreibt, standen auf Schloss Chenonceau gewissermaßen auf der Tagesordnung. Das Renaissancejuwel Azay-le-Rideau verglich schon Honoré de Balzac mit einem geschliffenen Diamanten. Und in Villandry, dem letzten Stopp dieser Rundfahrt, steht der verblüffte Besucher im Schlosspark vor geometrisch angelegten Beeten, in denen statt Blumen diverse Kohlarten gedeihen. Zwei bis drei Tage dürften für diese Rundfahrt durch die stillen Landstriche im Süden von Tours reichen.

*Amboise

Nur wer in der Lage ist, sich an einem der grob gezimmerten Tresen ausreichend Selbstdisziplin aufzuerlegen, wird Amboise (11 000 Einw.) mit klarem Blick erleben. Es lohnt sich. Vom Ufer der lang gestreckten Flussinsel St-Jean aus macht der Ort den Eindruck, als seien die Häuser der Unterstadt nichts anderes als winzige, unbedeutende Nebengebäude des mächtigen **Schlosses.** Es liegt auf einer Anhöhe über der Loire.

Vor allem Charles VIII fühlte sich wohl im ländlichen Amboise, seiner Geburtsstadt. Nach seiner Rückkehr von den Italienfeldzügen ließ er sein Lieblingsschloss entsprechend der neuen Mode im Stil der Renaissance aufwändig ausschmücken. Allerdings war ihm hier kein allzu langer Aufenthalt vergönnt. Im Alter von 28 Jahren stieß er mit dem Kopf gegen einen niedrigen Türsturz und zog sich dabei vermutlich eine innere Blutung zu, an der er einige Stunden später starb.

An den Flügel Charles' VIII grenzt der später unter Louis XII und François Ier errichtete Renaissancetrakt. Das heutige Schloss ist eigentlich nur noch ein kümmerlicher Rest der Gesamtanlage, von der im 17. und frühen 19. Jh. große Teile abgerissen wurden.

Ein Platz in der Geschichte ist Amboise jedoch nicht nur dank seiner Rolle bei der Einführung der Renaissance in Frankreich sicher. 1560 beabsichtigte eine Gruppe von Protestanten, François II in Blois zu entführen, um ihn dem Einfluss der Katholischen Liga zu entziehen.

Weingüter um *Tours

Die Werbetafeln östlich von Tours haben das Format von Kinoleinwänden. Sie tauchen am Straßenrand so häufig auf, dass schließlich auch der hartnäckigste Gegner von Weinproben kapituliert und sich auf den Weg in eine Probierstube macht. Aber was heißt da schon Stube! Die Weingüter offerieren ihre rubinroten, süffigen Tropfen in kühlen Höhlen, die zum Teil schon vor Jahrhunderten als Wohnungen in den Tuffstein geschlagen wurden. In den Gewölben reifen die edlen Jahrgänge bei konstanten 12 °C.

Über die Loire geht der Blick auf Amboise mit seinem Schloss

Doch am Hof sickerten Gerüchte über ein bevorstehendes Komplott durch, und der König flüchtete nach Amboise. Als die Verschwörer dann dort auftauchten, wurden sie gefangengenommen und in der mit prächtigen Gewölben ausgestatteten *Salle des Etats* verurteilt. Die Rache war fürchterlich: Die Hugenotten wurden am Balkongitter des Schlosses erhängt und ihre Leichen zur Abschreckung tagelang dort gelassen (🕓 tgl. April bis Juni 9–18.30 Uhr, Juli und Aug. 9–20 Uhr, Sept. und Okt. 9–18 Uhr, Nov. bis März 9–12, 14–17 bzw. 17.30 Uhr).

Hübsche Töpferware in vielen Formen und Farben bekommt man in der **Pôterie Artistique** von M. Brosse (28, quai de Gaulle, ☏ 02 47 23 13 77).

Henri II schenkte seiner Geliebten Diane de Poitiers Chenonceau

Südöstlich dieser Residenz liegt in einer kleinen Grünanlage das aus dem 15. Jh. stammende Herrenhaus **Clos-**

3
Seite 67

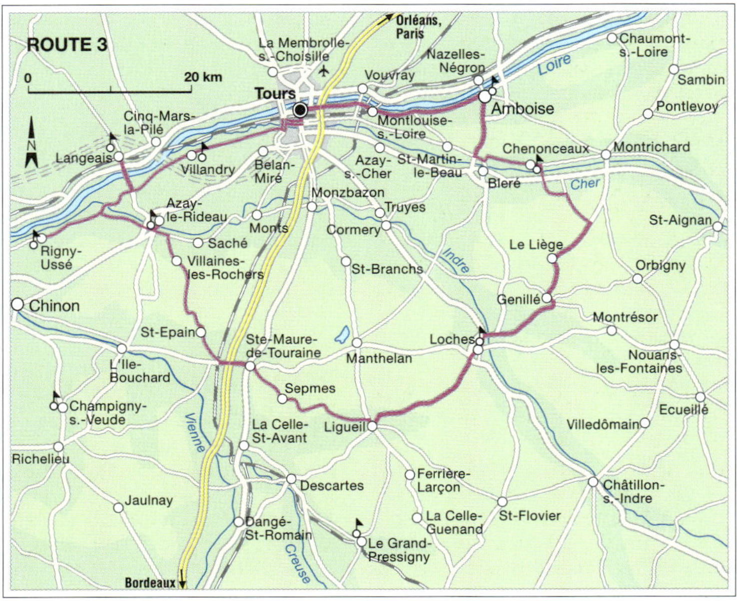

Das Genie von Clos-Lucé

Maler, Bildhauer, Architekt, Dichter, Musiker, Forscher, Ingenieur: Leonardo da Vinci (1452–1519) zählte zu den bedeutendsten Geistern der Renaissance. Wer sonst verdient in dieser Epoche der Vielseitigkeit die Bezeichnung Allroundgenie? Im Jahr 1516 folgte der damals 63-Jährige einer Einladung von König François Ier an die Loire, obwohl zu diesem Zeitpunkt seine rechte Körperhälfte schon größtenteils gelähmt war und er nicht mehr malen konnte. Als Linkshänder war es ihm jedoch u. a. möglich, den Entwurf für ein Schloss anzufertigen, das François Ier für seine Mutter in Romorantin-Lanthenay in Auftrag geben wollte.

Abgesehen von architektonischen Skizzen sowie Vorschlägen für die Trockenlegung der sumpfigen Sologne revanchierte sich der Künstler bei seinem spendablen Gastgeber mit Ideen für dessen Feste, die an Prunk alles bis dahin Dagewesene in den Schatten stellten. Seine Arrangements schlossen sogar die Gestaltung und Farbgebung der Kostüme der geladenen Gäste mit ein. Egal, ob es um die Frage der immer wieder wechselnden Kulissen oder die Speisenfolge beim Bankett ging, nichts überließ der Künstler dem Zufall.

Wohlmeinende Quellen berichten, dass der berühmte Gast in den Armen seines Gönners am 2. Mai 1519 friedlich entschlafen sei. Seinem Wunsch entsprechend wurde er in der nicht mehr stehenden Schlosskirche bestattet. Als später nach seinem Grab gesucht wurde, fand man zahlreiche Gebeine, die in der Chapelle St-Hubert beigesetzt wurden. Eine Gedenktafel erinnert an den Künstler.

3

Seite 67

Lucé. François Ier stellte es 1516 Leonardo da Vinci als Alterswohnsitz zur Verfügung. Gezeigt werden Maschinen und Geräte, die nach Entwürfen von Leonardo gebaut wurden (tgl. 9–18 bzw. 19 oder 20 Uhr).

Office du Tourisme, Quai Général-de-Gaulle, F-37400 Amboise, ☎ 02 47 57 09 28, Fax 02 47 57 14 35.

Choiseuil, 36, quai Guinot, ☎ 02 47 30 45 45, Fax 02 47 30 46 10. Zu dieser eleganten Unterkunft gehören ein Schwimmbad und ein Restaurant mit überregionalem Ruf. $$

La Boitardière, etwa 3 km außerhalb, ☎ 02 47 23 10 23, Fax 02 47 57 31 41. Sauberes einfaches Hotel mit preiswerten Zimmern. $

Le Manoir St-Thomas, Place Richelieu, ☎ 02 47 57 22 52. Das Feinschmeckerlokal, das ausgezeichnete französische Küche serviert, befindet sich in einem Renaissancepavillon mit Garten. $$

L'Aubinière, St-Ouen-les-Vignes, 7 km nördlich, ☎ 02 47 30 15 29. Zander in Weinsoße gehört zu den Spezialitäten des Hauses. $$

** Schloss Chenonceau

Am Ufer des Cher liegt inmitten der Auenlandschaft das Château de Chenonceau. König Henri II machte das anmutige Gebäude im Jahr 1547 seiner um 20 Jahre älteren Geliebten Diane de Poitiers zum Geschenk.

Maria Stuart am Cher

Zu den berühmten Frauen von Chenonceau zählte auch Katharinas Schwiegertochter Maria Stuart. Sie verfasste nach ihrem Aufenthalt am Cher im fernen Schottland sehnsüchtige Verse, die Robert Schumann später vertonte.

Später rächte sich Katharina von Medici an ihrer Rivalin und vertrieb sie von Chenonceau nach Chaumont. Auf der Brücke, die noch unter der Herzogin von Poitiers gebaut worden war, ließ dann die Königin die 60 m lange, berühmte Galerie über dem Fluss errichten.

Um das Schloss dehnen sich Parkanlagen mit geometrisch angelegten Rosenbeeten, Grünflächen und kunstvoll zugeschnittenen Buchsbaumhecken bis zum Flussufer aus. Der weitaus größere Teil des Parks wurde auf Initiative von Diane de Poitiers angelegt, während der kleinere Garten auf Katharina von Medici zurückgeht (🕓 tgl. 9.15–11.35, 13.45 bis 17.35 Uhr, Juli und Aug. durchgehend, Okt.–März nur bis 15.50 Uhr.).

Im Wachsfigurenkabinett von Schloss Chenonceau

Übernachten und essen kann man in der Nähe des Schlosses im **Hôtel-Restaurant Roserai,** wo Preis und Leistung stimmen.
☎ 02 47 23 90 09,
FAX 02 47 23 91 59. $

Am Indre in Loches

Tipp Östlich von Chenonceaux lädt die Schnaps- und Likörbrennerei **Fraise d'Or** zu Besichtigungen und Proben der hochprozentigen Köstlichkeiten ein (in Chissay en Touraine, ☎ 02 54 32 32 05; 🕓 Ostern bis Ende Sept. tgl. 9–11.30 und 14–18 Uhr).

** Loches

Symbolisiert Chenonceau die Renaissance und den Aufbruch in ein neues Zeitalter, so machen Reisende in Loches (7000 Einw.) Bekanntschaft mit dem Mittelalter, mitunter auch mit dessen düsteren Seiten. In dem Städtchen am Indre mit seinen schmalen Pflastergassen, die kaum breit genug für ein Auto sind, scheint die Zeit stehen geblieben zu sein.

Der Korbflechterin kann man im Handwerkszentrum von Villaines-les-Rochers zuschauen

3
Seite 67

3

Seite 67

Agnès Sorel

Bekannt wurde das Schloss als Aufenthaltsort von Agnès Sorel, der Geliebten von Charles VII. Ihr Grabmal ist, neben Sammlungen alter Waffen und Tapisserien, heute im **Logis Royal** zu sehen.

Hoch über den Hausdächern wacht das gewaltige **Schloss** über die Umgebung. Es ist nur ein Teil der mittelalterlichen Cité, die sich über den Hügel erstreckt und von einer 2 km langen Mauer eingefasst wird.

Loches gehörte ursprünglich den Grafen von Anjou, im 12. Jh. folglich den Königen von England. Als Richard Löwenherz auf dem Heimweg vom Dritten Kreuzzug in Österreich in Gefangenschaft geriet, nutzte sein Bruder Johann Ohneland die Gunst der Stunde und vermachte die Burg dem französischen König Philippe II Auguste. 1194 gelang Richard jedoch angeblich innerhalb von nur drei Stunden die Rückeroberung. Unter St-Louis kam Loches dann rund 50 Jahre später endgültig an Frankreich.

Stadtrundgang

Einziger Zugang zur Cité ist noch immer die **Porte Royale.** Steile, enge Pflastergassen führen zwischen den Häusern hindurch. Niedrige Türen und winzige Fenster lassen selbst die Wohnhäuser wie Miniaturfestungen erscheinen. Über Dächer und Obstbäume hinweg fällt der Blick auf die Kirche **St-Ours** mit den beiden achteckigen Pyramidendächern über dem Schiff. Linker Hand geht es zum Schloss, rechter Hand überragt abweisend der **Donjon** die Festungsanlage. Heute kann man hinaufsteigen und die Aussicht über die Dachlandschaft genießen. In die Kellergewölbe unterhalb des Festungsturms flüchteten sich im Mittelalter die Einwohner von Loches bei feindlichen Angriffen. Im 15. Jh. hielt Louis XI hier für missliebige Zeitgenossen enge, metallbeschlagene Holzkäfige bereit. In einem dieser Verliese soll ihr Erfinder, Kardinal Balue, elf Jahre seines Lebens verbracht haben. Sein Vergehen: Er hatte mit den Burgundern konspiriert (🕓 Juli/Aug. tgl. 9–18 Uhr, sonst Do–Di 9–12, 14–18, im Winter nur bis 17 Uhr).

Office de Tourisme, Place Wermelskirchen, F-37600 Loches, ☎ 02 47 91 82 82, 📠 02 47 91 61 50.

Hôtel George Sand, 39, rue Quintefol, ☎ 02 47 59 39 74, 📠 02 47 91 55 75. Haus aus dem 15. Jh. Der Gast bezieht ein rustikal möbliertes Zimmer; geboten wird eine hervorragende Küche und liebenswürdiger Service. Ⓢ

Restaurant France, 6, rue Picois, ☎ 02 47 59 00 32. Schmackhafte Gerichte der regionalen Küche. Ⓢ

Villaines-les-Rochers

Das Handwerkszentrum hat sich schon seit der ersten Hälfte des 19. Jhs. einen Namen gemacht. Wie eh und je gehört die Korbflechterei hier zu den wichtigsten Erwerbsquellen der Dorfbevölkerung. Am Rand der Ortschaft kultivieren einige Bauern in feuchten Niederungen knorrige Weidenstöcke, deren Ruten in der kalten Jahreszeit geerntet und als Bündel mit den Schnittstellen ins Wasser gestellt werden. Erst im Frühjahr, wenn die Äste austreiben und biegsam sind, werden diese mit vorsintflutlichen Maschinen geschält und an weiterverarbeitende Betriebe, darunter auch eine Genossenschaft, geliefert.

Unter den geschickten Händen der Weidenflechterinnen entstehen ganze Wohnungsausstattungen von der Obstschale bis zum Fernsehtisch. **Coopérative de la Vannerie,** ☎ 02 47 45 43 03; 🕓 Mo–Sa 9–12, 14–19 Uhr.

** Azay-le-Rideau

Vom glitzernden Wasser des Indre und den grünen Kronen hoher Bäume umgeben, wirkt Azay-le-Rideau wie ein Märchenschloss. Honoré de Balzac verglich es wegen seiner klaren Proportionen und der harmonischen Gliederung mit einem geschliffenen Diamanten. Bauherr der Renaissanceanlage war Gilles Berthelot, Schatzmeister unter François Ier. Als das Prachtstück 1527 fertiggestellt war, wunderte sich sogar der König über die Finanzkraft seines Untertanen und ordnete eine Untersuchung an. Daraufhin verschwand der Hausherr auf Nimmerwiedersehen. François Ier beschlagnahmte das Schloss und schenkte es dem Kapitän seiner Leibgarde.

Azay-le-Rideau ließ sich der Schatzmeister von François Ier bauen

Seite 67

Pikante Feste auf Schloss Chenonceau

Liebesabenteuer, erotische Pikanterien, luxuriöse Feste, Intrigen und Meuchelmorde gehörten unter den Valois-Königen, die vom Hundertjährigen Krieg bis zum Tod von Henri III im Jahre 1589 das Schicksal Frankreichs bestimmten, zum täglichen Leben des Hofs.

Unter der Witwe von Henri II, Katharina von Medici, spielte neben dem Schloss von Blois u. a. Chenonceau eine wichtige Rolle. Ihre astrologischen Neigungen soll die Königin für ihre Intrigen am Hof ebenso genutzt haben, wie „die fliegende Schwadron", eine Gruppe junger Mädchen, die als Spioninnen und verdeckte Ermittlerinnen arbeiteten und der Regentin alles zutrugen, was sich am Hof tat. Sie, die an der Seite des Königs jahrelang ihre Rivalin Diane de Poitiers dulden musste, schien sich nach dem Tod ihres Gatten und der Vertreibung Dianes von Chenonceau für entgangene Lebensfreude entschädigen zu wollen. Ihre Feste am Ufer des Cher waren berühmt-berüchtigt. Als Meerjungfrauen verkleidete Mädchen hießen die Besucher schon im Schlosspark leicht bekleidet willkommen. Singende Nymphen durchstreiften die Parkanlagen, Satyrn stellten ihnen ebenso nach wie männliche Gäste in Ritterkostümen. Feuerwerk zeichnete in den nächtlichen Himmel über Chenonceau ein Meer von Farben, während die Gäste am Flussufer Wein und erlesene Speisen genießen konnten.

Eines der größten Feste veranstaltete Katharina für ihren homosexuellen Sohn Henri III vermutlich mit dem Hintergedanken, ihren Sprössling zur Fortsetzung der Valois-Dynastie animieren zu können. Halbnackte Hofdamen, Prinzessinnen und Gräfinnen amüsierten sich an den gedeckten Tafeln mit Höflingen und Adeligen, während der König, mit Rouge auf Wangen und Lippen, Perlen in den Ohren und mit wertvollen Halsketten geschmückt, zwischen seinen gelockten Günstlingen saß. Katharinas Pläne gingen nicht auf. Henri III fiel, ohne einen Nachkommen hinterlassen zu haben, 1589 einem Mordanschlag zum Opfer. Mit seinem Tod endete die Valois-Dynastie.

Das Äußere zeigt noch Elemente mittelalterlicher Wehrarchitektur – Zinnen, Ecktürme und Rudimente eines Wehrgangs. Sie haben jedoch ihre strategische Bedeutung verloren und sind hier auf eine rein dekorative Funktion reduziert. Porträtmedaillons und Ornamente mit Blumenmotiven schmücken im Innern das zum Schlosshof hin offene Treppenhaus, das die drei Stockwerke miteinander verbindet. Schwere Teppiche bedecken die Wände der großen, etwas düster wirkenden Räume. Zwischen den Kopien alter Möbelstücke findet sich hie und da ein prächtiges, originales Stück etwa mit Einlegearbeiten aus Elfenbein oder mit Blattgold verziert.

3

Seite 67

Im Ortsteil Saché sollte sich der Gast in der **Auberge du XIIe Siécle** den gegrillten Zander servieren lassen (6,5 km außerhalb an der Straße D 17). ☎ 02 47 26 88 77. $

Château d'Ussé

Mächtige Türme, Wehrgänge, spitze Dachgauben und noch spitzere kegelförmige Dächer verleihen dem Château d'Ussé eine bewegte Silhouette. Zwar macht das Schloss aus einigen Blickwinkeln einen noch durchaus wehrhaften Eindruck, doch wird dieser durch das helle Mauerwerk und die verspielte Dachlandschaft abgeschwächt.

An der Anlage wurde vom 15. bis ins 17. Jh. gebaut und im vorigen kräftig renoviert. Den Dichter Charles Perrault (1628–1703) inspirierte der stimmungsvolle Bau zu seinem Märchen vom Dornröschen; der Graphiker und Maler Gustave Doré (1832–1883) benutzte Ussé als Vorbild für seine Illustrationen.

Wie in den meisten anderen hochherrschaftlichen Residenzen gibt es auch hier ein prunkvoll ausgestattetes Königszimmer, das seinerzeit für den Monarchen bereit zu stehen hatte – in diesem Falle vergeblich, denn nie hat hier ein Souverän genächtigt. Statt dessen soll nach der Französischen Revolution der Schriftsteller Alphonse de Chateaubriant (1877–1951) gelegentlich die Gastfreundschaft der damaligen Besitzer in Anspruch genommen haben (🕓 tgl. 9–12, 14–18, im Hochsommer bis 19, im Winter nur bis 17 Uhr).

*Château de Langeais

Loireaufwärts erreicht man mit dem Château de Langeais eine weitere Festung, die sich anders als Ussé eher als Schauplatz für einen Ritterroman eignen würde. Die im 15. Jh. unter Louis XI zur Sicherung der Loire gegen die Bretonen errichtete Burg steht mitten im Zentrum des 4000-Seelen-Städtchens. Bürgerhäuser und Geschäfte ducken sich in ihrem Schatten.

Die Räume sind mit rustikalem Mobiliar bestückt, Kachelböden und holzvertäfelte Wände vervollständigen den Eindruck einer mittelalterlichen Wehranlage. Im 18 m langen Saal der Wachen sind die Bodenfliesen mit Jakobsmuscheln, Lilien und Hermelintupfen dekoriert. An der Stirnseite hängt noch der Ruß von Jahrhunderten im monumentalen Kamin.

Ehepolitik

Die damals 14-jährige Herzogin Anne de Bretagne kam in einer prachtvollen Sänfte, bekleidet mit einem schwarzen Gewand, im Schloss von Ussé an. Ihr besticktes und mit 160 Zobelfellen gefüttertes Hochzeitskleid aus golddurchwirktem Tuch war von unschätzbarem Wert. Die Hochzeit mit Charles VII besiegelte den Anschluss der Bretagne an Frankreich. Nach dem tödlichen Unfall ihres Gemahls (S. 66) heiratete Anne entsprechend den Ehevereinbarungen seinen Nachfolger Louis XII.

Schmiedeeiserne Fackelhalter, Wandteppiche und bemalte Tapeten, von denen die Farbe abblättert, sind die verbliebenen dekorativen Elemente einer kargen Möblierung. Wem die Phantasie fehlt, helfen szenische Darstellungen auf die Sprünge: Im großen Saal stellen lebensgroße Figuren in historischen Kostümen die Hochzeit von Charles VIII und Anne de Bretagne dar, die 1491 in Langeais gefeiert wurde.

In dem kleinen Schlosspark steht noch die Ruine eines Donjons aus dem 10. Jh., den der damalige Graf von Anjou erbauen ließ (🕓 Mitte März bis Anfang Nov. 9–18.30, im Hochsommer bis 22 Uhr, im Winter 9–12, 14–17 Uhr).

Langeais im Schatten der Kirche

3

Seite 67

** Château de Villandry

Als krönender Abschluss dieser Route steht das Château de Villandry auf dem Programm. Im Schloss hängt eine interessante Sammlung spanischer Meister. Aber wer diese Renaissanceanlage besucht, den dürften weniger Gemälde und Architektur interessieren; denn die Hauptattraktion von Villandry sind zweifelsfrei die Gärten.

Türme, Wehrgänge und spitze Dachgauben schmücken Ussé

Man wird es kaum für möglich halten, aber dieser sehenswerte Park entstand erst um die Jahrhundertwende auf Betreiben eines Arztehepaars, das sich in das Schloss und seine damals heruntergekommenen Gärten verliebte. Nachdem sie alte Stiche aus dem 16. Jh. gefunden hatten, machten sie sich an die mühevolle Arbeit anhand dieser Unterlagen den Park zu rekonsturieren.

Heute sind rund ums Jahr sechs Gärtner mit dem Stutzen der 54 km langen, geometrisch zugeschnittenen Buchsbaumornamente, der Pflege und dem Neubepflanzen der drei terrassenförmig angelegten Gärten beschäftigt.

Tipp Einzigartig ist die Gestaltung des **Gartenparterres.** Die Beete sind mit Kohl- und Salatpflanzen in geometrischen Mustern angepflanzt. Solche Gemüsegärten waren in der Renaissance in Mode. 🕓 tgl. 9–20 Uhr.

Kohl- und Salatpflanzen unterschiedlichster Art gedeihen im Ziergarten von Villandry

Route 4

Durchs Reich der Plantagenêts

Rundfahrt A: *Saumur – Montsoreau – **Fontevraud l'Abbaye – **Chinon (80 km)

Rundfahrt B: *Saumur – Cunault – Doué-la-Fontaine – Abbaye d'Asnières – Montreuil-Bellay (75 km)

4

Seite 75

Wer in Saumur den Blick über die Dächer der Bürgerhäuser schweifen lässt, erkennt im Schloss unschwer das bekannte Motiv aus dem „Stundenbuch des Herzogs von Berry" wieder. Hoch über der Altstadt erhebt sich die trutzige Märchenburg mit Erkern und Türmchen, auf denen sich goldglänzende Wetterfahnen im Wind drehen. Bequem lässt sich von Saumur aus die abwechslungsreiche Umgebung erkunden. Höhepunkte dieser beiden Rundfahrten sind das romanische Kloster Fontevraud mit der Grablege der Plantagenêts und Chinon, die Heimatstadt von François Rabelais, an der einst Engländer und Franzosen bauten. Für diese beiden Rundfahrten sollte schon jeweils ein Tag eingeplant werden.

*Saumur

Längst ist Saumur (34 000 Einw.) über die Grenzen seiner Altstadt hinausgewachsen und wuchert mit neuen Industrie- und Gewerbegebieten weit ins Umland hinein.

Der **Pont Cessart** über die Loire, der heute dem Autoverkehr standhalten muss, war im Mittelalter ein Flussübergang von strategischer Bedeutung. Um ihn zu bewachen, ließ Louis Ier, Herzog von Anjou, eine mit vier Ecktürmen bewehrte Burg auf die Felsklippe setzen. Sein Nachfolger baute weiter, bis schließlich Herzog René d'Anjou, besser bekannt als der „Gute König René", ab 1454 das Innere umgestalten ließ. Doch statt gekrönter Häupter schreiten heute Touristen durch den Gewölbegang am Eingangsportal, um die Ausstellungen der 1912 hier eingezogenen Museen zu besichtigen.

Das **Musée des Arts Décoratifs** zeigt Mobiliar, Keramiken, Malereien und Emailarbeiten. Im **Musée International du Cheval** dreht sich alles um Pferde und die Reiterei, von Sätteln und Saumzeug bis zum Skelett des Rennpferdes Flying Fox, das zu Beginn des Jahrhunderts der Star auf den Rennbahnen war (🕓 tgl. 9.30–12, 14 bis 17.30 Uhr, Juni bis Sept. 9–18, Mi bis 22 Uhr, zeitweilig auch bis 24 Uhr).

Einem ähnlichen Thema widmet sich das **Musée de la Cavalerie** in den Räumen einer Offiziersschule (Avenue Foch) sowie die 1972 gegründete **Ecole Nationale d'Equitation,** in der seit den 80er Jahren der berühmte *Cadre Noir* untergebracht ist. Diese zivile Vereinigung der besten Reitlehrer des Landes, erkennbar an ihren schwarzen Uniformen, existiert seit 1763 (🕓 April bis Sept. tgl. außer So und Mo 9.30–10.30, 14.30–16 Uhr).

Unterhalb des Schlosses liegt das alte Saumur mit seinen kleinen Gassen und schmalen Straßen. Die Rue St-Jean verläuft mit ihren zahlreichen Geschäften unter alterskrummen Fachwerkhäusern direkt zur romanischen Kirche **St-Pierre.**

Office de Tourisme, Place de la Bilange, F-49418 Saumur Cedex, ☎ 02 41 40 20 60, FAX 02 41 40 20 69.

Anne d'Anjou, 33, quai Mayaud, ☎ 02 41 67 30 30, FAX 02 41 67 51 00. Ein Stadtpalais aus dem 18. Jh. Die Zimmer sind teilweise mit wertvollem Mobiliar und Teppichen gemütlich ausgestattet. $))

Le Volney, 1, rue Volney, ☎ 02 41 51 25 41. Kleines, unterhalb des Schlosses gelegenes Hotel. $

Les Délices du Château, im Schlosshof, ☎ 02 41 67 65 60. Man kann sich auf der Terrasse von den beachtlichen Kochkünsten des Küchenteams überzeugen. $$

Les Menestrels, 11, rue Raspail, ☎ 02 41 67 71 10. Wie wäre es mit Kaninchen mit Ingwer und frischem Koriander? $$

Château de Beaulieu, Route de Montsoreau außerhalb von Saumur; ☎ 02 41 67 69 51; E-Mail: chbeaul@club-internet.fr. Romantisches Abendessen bei Kerzenschein im Schloss aus dem 18. Jh. Reservierung obligatorisch. $$

Orangeraie, im Schlosshof, ☎ 02 41 67 12 88. Bei schönem Wetter werden die einfachen Gerichte auch im Freien serviert. $

Die Altstadt von Saumur

Kreuzgang der Abtei von Fontevraud

4

Seite 75

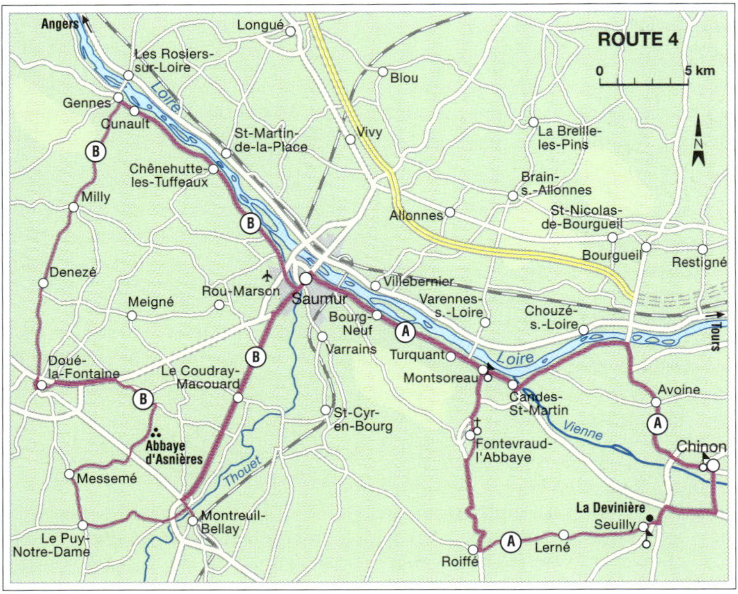

Rundfahrt A: Östlich von * Saumur

In der Nähe des Schlosses von **Montsoreau** zieht sich eine Straße zu einem ausgeschilderten Aussichtspunkt auf die Hochebene hinauf. Der Blick fällt auf die bläulich glitzernde Mündung der Vienne in die Loire.

** Abtei Fontevraud

Eine außergewöhnliche Persönlichkeit war der bretonische Eremit und Wanderprediger Robert d'Arbrissel, der um das Jahr 1100 südlich von Montsoreau die Fontevraud-l'Abbay gründete. Im Unterschied zu den meisten Klöstern lebten hier sowohl Männer als auch Frauen. Fontevraud bestand aus fünf streng voneinander getrennten, selbstständigen Bereichen für Laienbrüder und Priester, Nonnen, reumütige Prostituierte, sowie für Kranke, Gebrechliche und Lepröse. Das Kloster genoss schon bald einen so vorzüglichen Ruf, dass sogar Papst Calixtus II. 1119 anreiste, um die eben fertiggestellte Kirche zu weihen.

4

Seite 75

Während der Französischen Revolution wurde die Abtei, die zu den reichsten des Landes gehörte, teilweise verkauft, teilweise geplündert, bis Napoleon sie zum Gefängnis machte. Heute dient die Anlage u. a. als Kulturzentrum.

Ganz unüblich für ein mittelalterliches Kloster ist der bekannteste Teil von Fontevraud: die **Küche.** Lange wurde über die ehemalige Funktion des kleinen romanischen Baus gestritten, bis man sich auf seinen profanen Zweck verständigen konnte. Die runden Kamine, die das Dach wie kleine Minarette überragen und ihm ein orientalisches Aussehen verleihen, gehen allerdings auf die Restaurierung im vorigen Jahrhundert zurück. In der aus dem 12. Jh. stammenden **Abteikirche** befinden sich die Grabdenkmäler von Eleonore von Aquitanien, ihrem zweiten Ehemann Henri II Plantagenêt, Graf von Anjou und König von England, ihres Sohnes Richard Löwenherz und wahrscheinlich der Königin von England, Isabella d'Angoulême.

Historisches Flair verströmt die **Hôtellerie Prieuré St-Lazare,** die in einem ehemaligen Klostergebäude eingerichtet ist und neben Unterkünften auch ein Restaurant besitzt (Fontevraud-L'Abbaye, ☏ 02 41 51 73 16, FAX 02 41 51 75 50). $

La Devinière

Südöstlich von Fontevraud-l'Abbaye beginnt der Wald von Couziers, an dessen anderem Ende La Devinière, ein kleiner Landsitz aus dem 15. Jh. liegt. Er ist wahrscheinlich das Geburtshaus von François Rabelais. Der kleine Ort besitzt ein **Rabelais-Museum,** in dem Schriften, Erstausgaben, Porträts und Chroniken, die an den geistigen Vater der Romangestalten Gargantua und Pantagruel erinnern, gezeigt werden.

Die berühmte Eleonore

Unter den einflussreichen Frauen des Mittelalters nimmt Eleonore von Aquitanien einen besonderen Platz ein. Gut 15 Jahre lang war sie Königin von Frankreich, bis sie sich 1152 scheiden ließ. Hochpolitisch wurde die Angelegenheit, als sie schon acht Wochen später Henri Plantagnêt heiratete, der zwei Jahre danach König von England wurde. Eleonore brachte fast den gesamten Südwesten Frankreichs mit in diese Ehe, so dass sich der Einflussbereich von Schottland bis zu den Pyrenäen ausdehnte. Mit der zweiten Ehe Eleonores wurden die Grundlagen für den französisch-englischen Machtkampf gelegt, der erst mit dem Ende des Hundertjährigen Krieges Mitte des 15. Jhs. endete.

Die schöne Tochter und Erbin des Herzogs von Aquitanien war erst 15 Jahre alt, als sie im Todesjahr ihres Vaters

** Chinon

Über die malerische Vienne hinweg hat man den schönsten Blick auf Chinon (9000 Einw.). Am Flussufer erstreckt sich die Unterstadt, die von der Schlossruine oben auf dem Felssporn überragt wird. Ganz im Westen steht im Fort du Coudray der erste Donjon der Anlage, der auf den englischen König Henri II Plantagenêt zurückgeht.

Es schließt sich das so genannte *Mittlere Schloss* an, das bis zu der vom Fluss aus ganz schmal wirkenden Tour de l'Horloge, dem Uhrturm aus dem 14. Jh., reicht.

Im Hundertjährigen Krieg galt Chinon als uneinnehmbare Festung. Hier fand 1429 die erste Begegnung des Thronfolgers Charles mit Jeanne d'Arc statt, die für so viele Literaten, darunter Schiller und Voltaire, einen reizvollen Stoff bildete (🕓 in der Saison tgl. 9–18/19 Uhr; im Winter Mittagspause).

Eleonore von Aquitanien lebte die letzten Jahre ihres Lebens zurückgezogen in Fontevraud, wo sie auch beigesetzt ist

4

Seite 75

1137 mit dem ebenfalls noch minderjährigen König Louis VII verheiratet wurde. Doch die Temperamente der beiden waren zu unterschiedlich: Eleonore war ein aufgewecktes, dem Leben zugewandtes Mädchen, das sich schon bald den Künsten zugetan fühlte und sich in ihrem späteren Leben dann u. a. als Mäzenin der Troubadoure hervortat. Louis dagegen hatten eine Klostererziehung genossen, was sein karges, entsagungsreiches Leben prägte. Mit dem Ausspruch: „Ich bin mit einem Mönch verheiratet" wird die enttäuschte Gattin zitiert.

Die unterschiedlichen Mentalitäten und Lebensvorstellungen des königlichen Paares traten offen zutage, als es 1147 zu einem zweieinhalbjährigen Kreuzzug ins Heilige Land aufbrach. Die Königin wurde mehrerer Seitensprünge verdächtigt und kehrte allein nach Europa zurück, nachdem der eifersüchtige Ehemann Gerüchte über eine Liaison mit dem Adeligen Raimund von Poitiers zu Ohren gekommen waren. Nach seiner Rückkehr betrieb Louis ganz im Sinne von Eleonore die Auflösung ihrer Ehe.

Eleonore, damals 30 Jahre alt und schön wie eh und je, heiratete den 19-jährigen Henri Plantagenêt. Acht Kinder bekam Eleonore, die bereits zwei aus erster Ehe hatte, von ihrem zweiten Mann. Doch als Henri sich anderen Frauen zuwandte, war Eleonore unversöhnlich, der Bruch total. Eleonore reiste bis ins hohe Alter, regierte ihre Besitzungen und machte unermüdlich und energisch Politik für ihre Kinder, sogar gegen deren Vater. Zeitweilig setzte Henri seine Frau in England gefangen. Sie überlebte jedoch nicht nur ihre Männer, sondern auch fast alle ihre Kinder und starb 80-jährig 1204 im Kloster Fontevraud.

Chinon heute? Am baumbestandenen Vienne-Ufer blickt François Rabelais in Bronze von seinem Sockel. An der gepflasterten **Rue Haute St-Maurice,** die inzwischen längst zur Touristenmeile avancierte, stehen sich alte Fachwerkhäuser und repräsentative Patrizierbauten gegenüber, darunter das ehemalige Gebäude der Generalstände mit einem runden Eckturm, in dem ein **Museum** zur Stadtgeschichte eingerichtet wurde. Gezeigt werden auch Dokumente zur Loire-Schifffahrt.

In diesem Anwesen soll im Jahr 1199 Richard Löwenherz gestorben sein, nachdem er bei der Belagerung von Châlus von einem Pfeil getroffen worden war (🕓 Mitte April bis Ende Sept. tgl. 10.30–12.30, 15–18 Uhr).

4
Seite 75

Einen Straßenzug weiter bergan erinnert das **Musée Animé du Vin et de la Tonnellerie** mit seinen Exponaten zur Weinproduktion daran, dass Chinon schon lange Zentrum eines bedeutenden Weinbaugebiets ist.

Office de Tourisme, Place d'Hofheim, F-37501 Chinon, ☎ 02 47 93 17 85, Fax 02 47 93 93 05.

Hôtel Diderot, 4, rue Buffon, ☎ 02 47 93 18 87, Fax 02 47 93 37 10. Gemütliches mit Efeu bewachsenes Haus im Stadtzentrum. $$

Au Plaisir Gourmand, Quai Charles VII, ☎ 02 47 93 20 48. Zweiffellos das beste Restaurant im Ort mit einer Küche für Genießer. $$$
Château de Marçay, 9 km südlich in Marçay, ☎ 02 47 93 03 47. Sehr gediegenes Restaurant in einem Schloss aus dem 15. Jh. $$$
Boule d'Or, 21, rue Rabelais, ☎ 02 47 98 40 88. Einfachere, aber dennoch schmackhafte Küche. $$
L'Océanic, 13, rue Rabelais, ☎ 02 47 93 44 55. Fischgerichte und Speisen aus Meeresfrüchten stehen fast immer auf der Karte. $

Rundfahrt B: Westlich von * Saumur

Cunault

In der winzigen Gemeinde Cunault steht eine bedeutende romanische Klosterkirche, die zu einem Priorat der Benediktinerabtei von Tournus in Burgund gehörte. Über dem Westportal thronen eine Madonna mit Kind und zwei Engel aus der Zeit um 1200. Älter sind die über 200 Kapitelle, die den eigentlichen Schatz der Kirche bilden.

Im Süden von Cunault mussten die ausgedehnten Wälder schon vor langer Zeit den Getreideäckern der Bauern weichen. Hier und da leuchten Felder mit Mohn aus dem Grün heraus.

Doué-la-Fontaine

In Doué-la-Fontaine (7000 Einw.) gedeihen Obst- und 500 verschiedene Rosensorten gleichermaßen gut. Seit dem ausgehenden Mittelalter gibt es hier eine ziemlich aktive Kulturszene. Les Arènes wird ein Open-Air-Theater genannt, dessen Ränge in den weichen

Musée du nucléaire

Zwischen Vienne und Loire liegt das riesige Gelände des ersten französischen Kernkraftwerks, das 1963 ans Netz ging. Der älteste Teil von Chinon A, EDF 1, benannt nach der staatlichen französischen Elektrizitätsgesellschaft, die es betrieb, wurde zehn Jahre später stillgelegt und ist heute ein Museum. Doch war damit, wie unschwer zu sehen keineswegs Schluss mit dieser nach wie vor umstrittenen Art der Energiegewinnung: Seit 1982 liefert der Druckwasserreaktor von Chinon B Atomstrom (Musée du nucléaire: 🕓 Führungen: tgl. außer So 9, 10.30, 14 und 15.30 Uhr; Sa Personalausweis vorlegen).

Stein geschlagen wurden. Erst jetzt fanden Fachleute heraus, dass das Theater – man hatte es bis dahin den Römern zugeschrieben – in einem ausgedienten mittelalterlichen Steinbruch eingerichtet wurde. Am Nationalfeiertag im Juli wird die alte Spielstätte im Rahmen der Journées de la Rose mit Theater- und Musikveranstaltungen wiederbelebt.

France, 19, pl. Champ de Foire, ☏ 02 41 59 12 27. Die hervorragende Küche hat das Restaurant sehr populär gemacht. (\$)

Abbaye d'Asnières

Der im 12. Jh. gegründeten Abbaye d'Asnières war kein so gnädiges Schicksal beschieden wie Cunault. Die Blütezeit des Klosters ging zu Ende, als die Hugenotten 1569 plündernd und brandschatzend über die Anlage herfielen.

Le Puy-Notre-Dame

Wer die Kathedrale von Poitiers kennt, wird sich dann im Süden von *Asnières* beim Anblick der Wallfahrtskirche von Le Puy-Notre-Dame an sie erinnert fühlen. Die architektonischen Gemeinsamkeiten erklären sich durch die politische Verbindung von Poitou und Anjou unter den Plantagenêts.

In der dreischiffigen Hallenkirche aus dem frühen 13. Jh. wird ein aus Seide und Leinen gefertigter Gürtel verehrt, den einmal die Muttergottes getragen haben soll. Seit Jahrhunderten strömen im September hauptsächlich schwangere Frauen zu dieser Kirche, weil ein Besuch bei der Reliquie angeblich für eine gesunde Geburt des eigenen Kindes bürgt.

Montreuil-Bellay

Auf dem Rückweg nach Saumur kommt man durch Montreuil-Bellay, dessen alter Kern mit Schloss und Kirche sich hinter einer fast völlig erhaltenen Stadtmauer versteckt.

Fachwerk an der Place St-Pierre in Saumur

Bei Saumur gedeihen in Kalksteinhöhlen Champignons

Der Uhrturm der Festung von Chinon

4
Seite 75

Route 5

Weißwein, Windmühlen und Weizenfelder

Rundfahrt A: * Angers – Brissac-Quincé – Béhuard – Château de Serrant (80 km)

Rundfahrt B: * Angers – Trélazé – Château de Montgeoffroy – Château du Plessis-Bourré (90 km)

5
Seite 81

Typische Bocage-Landschaft mit Hecken und knorrigen Bäumen, sanft gewellte Ebenen mit der Geometrie von Gemüseäckern und Kornfeldern, Tuffsteinhügel und akkurate Weinberge, so präsentiert sich das Anjou seinen Besuchern. Hier und da stehen Windmühlen zwischen Schlössern und eleganten Herrenhäusern, die genauso zum architektonischen Erbe der Region zählen, wie die zahlreichen Winzergehöfte, in deren Kellern der spritzige Weißwein reift. Für die Touren rund um Angers sollte man mindestens zwei Tage veranschlagen.

Rundfahrt A: Südlich von *Angers

„Mehr als die Meeresluft liebe ich die Süße des Anjou", schrieb Joachim du Bellay um die Mitte des 16. Jhs. über den Landstrich um Angers. Während der Fahrt durch die Weinberge, Obstanlagen, blühenden Wiesen und sprießenden Gemüsefelder wird man die Vorliebe des Dichters für seine Heimat vielleicht nachempfinden können.

Brissac-Quincé

Unter den zahlreichen Herrensitzen des Anjou gehört das im frühen 17. Jh. am Ufer der Aubance errichtete ***Château de Brissac** zu den schönsten. Die nach Osten weisende Hauptfassade wird auf zwei Seiten von gewaltigen Rundtürmen eingerahmt. Fünf Stockwerke hoch, bildet ein Eingangspavillon mit Nischenfiguren den wohl auffälligsten Teil der Anlage.

Mit vielfältigen Ornamenten bemalte, vergoldete Balkendecken, kostbare, mit Silber- und Goldfäden durchwirkte Tapisserien aus den berühmtesten Werkstätten Europas, Ahnengalerien, Stilmöbel, venezianische Kristalleuchter und geschnitzter Holzdekor gehören zur reichen Ausstattung der Innenräume. Selbst ein Theatersaal mit seinen 200 Sitzplätzen und einer von Säulen flankierten Bühne fehlt nicht.

Hôtel Castel, 1, rue L.-Moron, ☎ 02 41 91 24 74, FAX 02 41 91 71 55. Gleich neben dem Schloss bietet das Hotel einfache Zimmer, moderate Preise. (S)

Von Brissac nach Chalonnes-sur-Loire

Westlich von Brissac führen schmale Landstraßen durch Wiesen und Weideland. In Dörfern, die kaum mehr sind als Wegkreuzungen im Schachbrettmuster der Äcker, stehen moderne Traktoren vor halb verfallenen Heuschobern und Ställen.

Nördlich der Ortschaft **Rochefort-sur-Loire** führt eine Brücke über den Louet, von der aus man den gewundenen Flusslauf überblickt. Unterhalb der Brücke liegt auf dem sandigen Uferstreifen das Schwimmbad.

Einen Katzensprung entfernt wartet auf einer Insel in der Loire der Ort **Béhuard.** Seine Häuser scharen sich um die Kirche *Notre-Dame* aus dem 15. Jh. König Louis XI hatte das Gotteshaus gestiftet, nachdem er auf wunderbare Weise aus Seenot gerettet worden war. Himmlische Ruhe liegt über dem Dorf.

Die vielen Pappeln rundherum erinnen an einen alten Brauch im Anjou: Kam in dieser Gegend ein Mädchen zur Welt, pflegte der Vater auf seinem Land ein kleines Areal mit Pappeln zu bepflanzen. Hatte das Mädchen das heiratsfähige Alter erreicht, waren die Bäume ebenfalls herangewachsen, so dass sie gefällt werden konnten und ihr Holz als Mitgift für die Braut verkauft wurde.

In der Nachbarschaft von Béhuard steht in der Ortschaft **Savennières** eine kleine *Dorfkirche*, die den kurzen Abstecher über die Loire lohnt. Die ältesten Teile des Baus gehen bis ins 9. oder 10. Jh. zurück, Südportal und Chor sind romanisch.

Zwischen Äckern und Weideland liegt Château de Brissac

Von Rochefort-sur-Loire bis ins weiter westlich gelegene Chalonnes fließt der Louet parallel zur Loire. Zwischen den beiden Wasserläufen umgreifen schmale Seitenarme sandige Inseln und Landvorsprünge mit zum Teil sumpfigem Boden. Die am linken Ufer verlaufende Straße, die *Corniche angevine*, hat man wohl in Anbetracht der Hochwassergefahr weit oben am Uferhang gebaut. Das hat den Nebeneffekt, dass die Strecke auf einigen Abschnitten einen schönen Blick über die Flusstäler von Loire und Louet erlaubt.

Chalonnes-sur-Loire bezog seine Bedeutung früher aus der Tatsache, dass es eine Brücke über die Loire und einen Fischereihafen besaß. Geblieben ist der alte Hafen, an dessen von Bäumen gesäumten Quais heute Jachten und Ausflugsboote festmachen.

Seite 81

St-Georges-sur-Loire

Die Launen der Natur haben dafür gesorgt, dass die früher am Ufer gelegene Ortschaft St-Georges-sur-Loire – daher auch der Name – durch den veränderten Flusslauf etwa 7 km weit ins Hinterland gerückt ist.

Etwas außerhalb ruft das majestätische **Château de Serrant** Erinnerungen an die großen Zeiten des Anjou wach. Trotz einer sich über drei Jahrhunderte erstreckenden Bauzeit macht die Anlage einen sehr harmonischen Eindruck. Brauner Bruchstein und heller, behauener Tuff beleben das Mauerwerk. Die Türme sind von originell geformten Kuppeln bekrönt. Bei entsprechendem Sonnenstand spiegeln sie sich in den um das Anwesen angelegten Wassergräben.

Die Bauherren wechselten oft in Serrant. Eine Weile befand es sich im Besitz eines Iren, der die Stuarts unterstützt hatte und in Frankreich im Exil war. Die Ausstattung der Innenräume zeigt Pracht und Herrlichkeit des Feudalismus: Die Bibliothek umfasst rund 20 000 Bände, eines der zahlreichen Schlafgemächer wurde eigens im Empirestil ausgestattet, nachdem im Jahre 1808 Napoleon seinen Besuch angekündigt hatte. Es fällt nicht schwer sich vorzustellen, wie der Kaiser mit seinen Gefolgsleuten im mit wertvollen flämischen Wandteppichen ausgestatteten Speisesaal dinierte. In der kleinen Schlosskapelle steht das Marmorgrabmal des Marquis de Vaubrun, das der bedeutendste Bildhauer des Sonnenkönigs, Antoine Coysevox, entwarf.

Windmühlen im Anjou

Gemeinhin denkt man bei Windmühlen an die Niederlande, aber auch im Anjou sind sie häufig zu sehen. Getreide wird hier noch immer in Hülle und Fülle angebaut. Aber seit der Entdeckung der Dampfkraft bzw. der Elektrizität ist auch im provinziellen Anjou die Zeit nicht stehengeblieben. Vor rund 200 Jahren drehten sich knapp 1200 Mühlen im Wind, bis heute ist ihre Zahl auf nicht einmal drei Dutzend zusammengeschrumpft. Viele der romantischen Anlagen zerfielen, wurden in Wohnungen oder Handwerksbetriebe umgebaut oder zweckentfremdet.

Seit geraumer Zeit hat es sich ein Verein der Mühlenfreunde zur Aufgabe gemacht, bestehende Anlagen zu erhalten und möglichst weitere zu restaurieren und wieder in Betrieb zu nehmen. Zu den mit Abstand schönsten Beispielen in der Umgebung von Angers zählen die Mühlen von *Avrillé* (südöstlich an der RN 160), *Mozé-sur-Louet* (südlich), *St-Saturnin-sur-Loire* (südöstlich an der D 751), bei *Charcé-St-Ellier* (südlich von St-Saturnin am nördlichen Ufer der Aubance) und die westlich von Angers gelegene Mühle bei *La Roche*.

Prieuré de L'Eoinay, Müde Gäste finden in der ruhigen Abtei eine stilvolle Bleibe. ☏ FAX 02 41 39 14 44. $$

Relais d'Anjou, Rue Nationale, St-Georges-sur-Loire, ☏ 02 41 39 13 38. Ideenreich zusammengestellte und gut zubereitete Menüs. $$

Tête Noire, Rue Nationale, St-Georges-sur-Loire, ☏ 02 41 39 13 12. Einfacheres Restaurant mit preiswerten Menüs. $$

Boule d'Or, 4, rue Las-Cases, Chalonnes-sur-Loire, ☏ 02 41 78 02 46. Gute, französische Küche zu absolut erschwinglichen Preisen. $

Rundfahrt B: Nördlich von *Angers

Gleich am Stadtrand von Angers liegt der 11 000 Einwohner zählende Vorort **Trélazé,** der ausnahmsweise weder durch eine Kirche noch durch ein Schloss auf sich aufmerksam macht.

Trélazé gilt als die „Welthauptstadt des Schiefers". Die Produktion im Tagebau begann schon im 15. Jh., und noch heute leben viele Menschen in der Gegend vom Schiefer, wenngleich der Bedarf in den letzten Jahrzehnten durch das Aufkommen alternativer Materialien abgenommen hat.

Früher war Schiefer wegen seiner speziellen Eigenschaften ein aus dem Baugewerbe nicht wegzudenkender Stoff. Wasserundurchlässig, kälteunempfindlich, feuerfest und äußerst belastbar bot er sich zum Decken von Hausdächern und zum Schutz von Hausfassaden an. An vielen Stellen um Trélazé wurden der Landschaft über die Jahrhunderte hinweg durch den Schieferabbau deutlich sichtbare Wunden geschlagen.

Am Ufer des Flüsschens Louet bei Rochefort-sur-Loire

Diese historische Windmühle steht bei Montsoreau

Verträumt wirkt Ile Béhouard

5

Seite 81

Gefiederte Statussymbole

Wer die Augen auf einer Fahrt durch die unterschiedlichen Landschaften im Tal der Loire offenhält, wird hie und da seltsame Bauten entdecken, deren Funktion man sich zunächst nicht erklären kann. Auf den zweiten Blick offenbart sich mancher davon als Taubenhaus. Diese Ställe gehörten seit dem Mittelalter zu vielen Residenzen, manchmal auch Klöstern und waren teilweise aufwändig gestaltet. Das hatte einen triftigen Grund: Die Taubenhaltung war im Europa des Feudalismus ein Privileg des Adels und zugleich ein Symbol von Macht und Reichtum. Große Taubenhäuser ließen darauf schließen, dass der betreffende Grundherr über ausgedehnte Ländereien verfügte. Für jeden halben Hektar Land, den ein Adeliger besaß, durfte er ein Tier halten. Tauben als fliegende Briefträger zu verwenden, kam erst später in Mode. Im Mittelalter kamen die Vögel in erster Linie als Delikatesse, etwa in Form von Täubchenbrust in Weinsauce, auf den Tisch ihrer Besitzer. Sie wurden aber auch für das Schießtraining verwendet, bevor für diesen Sport die Tontaube benutzt wurde. Dass die Taubenhaltung der Landbevölkerung ein Dorn im Auge war, hing allerdings nicht mit Tierliebe zusammen. Ursache war vielmehr, dass Grafen, Herzöge und Edelleute ihre Tauben nicht mit Futter versorgten. So mussten sich die Tiere ihre Nahrung auf den umliegenden Feldern suchen, was logischerweise zu Lasten der Bauern ging.

Seite 81

Das **Musée de l'Ardoise** bietet seinen Gästen einen Gang durch die Kultur- und Sozialgeschichte dieses Industriezweigs. Thematisiert werden neben den technischen auch die sozialgeschichtlichen Aspekte des Bergbaus, etwa die katastrophalen Arbeitsbedingungen und die Unterbezahlung (32, chemin de la Maraîchère; ⏲ Anfang Juli bis Mitte Sept. Di–Fr 10–12, 14–18 Uhr, Sa/So nur 14–18 Uhr).

Château de Montgeoffroy

Hier bekommen die Besucher kein Museum präsentiert, sondern quasi ein Eigenheim, allerdings eines aus der Spätphase des Ancien Régime. Schon das reich verzierte schmiedeeiserne Eingangstor lässt auf edlen Geschmack und auf entsprechende finanzielle Mittel der Besitzer schließen. Bauherr war der Marschall de Contades, einst Oberkommandierender der Rheinarmee. Selbst die Französische Revolution ging an dem Anwesen fast spurlos vorbei, so dass die Führer und Führerinnen noch immer darauf hinweisen können, dass jedes der aus den Pariser Möbelwerkstätten von Gourdin, Garnier oder Durand stammenden Stücke noch am ursprünglichen Platz steht. Sogar das Tricktrackspiel wird nur zum Staubwischen weggerückt, seit König Louis XVIII während einer Stippvisite eine Partie riskierte. Die Kapelle, in der der Marschall begraben ist, stammt vom Vorgängerbau und ist rund 200 Jahre älter als das Schloss (⏲ April bis November tgl. 9.30–12 Uhr und 14.30–18.30 Uhr, von Mitte Juni bis Mitte Sept. tgl. 9.30–18.30 Uhr).

In einem großen Bogen nach Norden führt die Route ins „Dreistromland" von Loir, Sarthe und Mayenne. Mitten in diesem Dreieck dehnt sich eine grüne Ebene aus, in der früher zahlreiche Windmühlen standen. Mancherorts finden sich nur noch die gemauerten Unterbauten.

Le Plessis-Bourré

Das Schloss Le Plessis-Bourré liegt südlich von **Ecuillé** inmitten der windgebürsteten Ebene im Westen des Sarthe-Tals. Über einen Burggraben mit Seerosen führt eine 43 m lange Brücke zum Haupttor des Schlosses. Dort angekommen bietet ein Vorwerk mit doppelter Zugbrücke eine weitere Möglichkeit, unliebsame Gäste auszusperren.

An Schloss Serrant wurde mehr als 300 Jahre lang gebaut

Sieht die Anlage von außen mit gedrungenen Ecktürmen, kleinen Fenstern und Pechnasen noch sehr wehrhaft aus, so wirkt sie im Innenhof eher wie eine zwar herrschaftliche, aber wohnliche Residenz. Im Zwischengeschoss pflegten die Hausherren im großen Festsaal in einem Ambiente aus kostbarem Mobiliar und mit Schnitzereien verzierten Wandtäfelungen ihre rauschenden Feste zu veranstalten. Seit Charles VIII dort ausländische Diplomaten empfing, trägt der Saal auch den Namen *Salle du Parlement*.

Willkommen auf Château de Montgeoffroy

Noch beachtlicher ist jedoch der Saal der Wachen auf der ersten Etage mit seiner originalen Deckenbemalung. Aufgrund der nur schwer zu deutenden allegorischen Darstellungen wird dem damaligen Schlossherren noch heute ein Interesse für die Alchemie nachgesagt (🕓 Do–Di 10–12, 14–17 Uhr, im Hochsommer durchgehend).

5

Seite 81

Château des Briottières, F-49330 Champigné, 7 km nördlich von Le Plessis-Bourré, ☎ 02 41 42 00 02, FAX 02 41 42 01 55. Geschmackvoll eingerichtetes Schloss mit Schwimmbad und Garten. Im prächtigen Speisesaal werden auserlesene Spezialitäten serviert. ($))

Die schnellste Verbindung von Le Plessis-Bourré zurück nach ***Angers** führt über die Straßen D 768 und N 162. Landschaftlich reizvoller sind allerdings die schmalen Sträßchen im Tal der Sarthe, die schließlich ebenfalls nach Angers führen.

Route 6

Wo die Loire salzig wird

*** Nantes – Lac de Grand-Lieu –**
*** Ile de Noirmoutier – * La Baule –**
*** Le Croisic – * Guérande –**
**** La Grande Brière (250 km)**

Den „schönsten Strand Europas", eine annähernd 8 km lange, feinsandige Bucht, die sich nach Süden öffnet, besitzt nach eigenen Aussagen der Badeort La Baule an der Côte d'Amour. Die anderen Küstenabschnitte und Strandgemeinden sind kaum bescheidener, wenn es darum geht, die eigenen Naturschätze und Sehenswürdigkeiten möglichst vollmundig anzupreisen. Luxushotels, Kasinos, gepflegte Promenaden und Thalassotherapiezentren – für den erholungssuchenden Urlauber wird hier viel geboten. Um die Mündung der Loire in den Atlantik verändert die Region ihr Gesicht, nimmt bretonische, wind- und wettergegerbte Züge an. Von Nantes führt die Tour an die Küste, wo sich in renommierten Seebädern schon Auguste Renoir und Gustave Flaubert wohlfühlten. Wer gerne bummelt und gelegentlich einen Badestopp einlegen möchte, kann sich auf dieser Strecke durchaus eine Woche Zeit lassen.

6

Seite 87

* **Nantes** (S. 46), mit Abstand der bevölkerungsreichste Ballungsraum im Loire-Tal, richtete seinen Blick schon immer weniger landeinwärts als vielmehr Richtung Atlantik, wo das Land flacher und die Luft salziger wird. Bis ans Meer hat die Loire zwar noch 50 km zurückzulegen, aber schon am westlichen Stadtrand, wo Industrieviertel und Hafenanlagen enden und der Küstenebene Platz machen, künden die lauten Schreie der Möwen bereits von der Nähe des Atlantiks.

Naturschutz

Der **Lac de Grand-Lieu** ist der größte Süßwassersee Frankreichs. Bei der Ortschaft *St-Aignan Grand-lieu* führt eine Straße bis auf einen halben Kilometer an die spiegelnde Wasserfläche heran. Vom Parkplatz ist über einen breiten, schattigen Weg in wenigen Minuten das Ufer erreichbar. Wander- und Radwege ziehen sich durch das unerschlossene Refugium von Stelzvögeln und Süßwasserfischen, das seit 1980 unter Naturschutz steht.

St-Philbert-de-Grand-Lieu

In der Ortsmitte erhebt sich mit der karolingischen **Abteikirche** eine der ältesten Kirchen Frankreichs. Außer einem kleinen Bogenportal besitzt die aus Bruchstein errichtete Westfassade nur drei kleine Fenster direkt unter dem Giebel. Ist die Tür ins Schloss gefallen, wird man zwischen vorromanischen Mauern von tiefer Stille umfangen. Massive Pfeiler aus Ziegeln und Bruchstein tragen die Dachkonstruktion. Der Marmorsarkophag des hl. Philbert in der Krypta ist leer, seit seine Gebeine im burgundischen Tournus zur letzten Ruhe gebettet wurden (Führungen werden vom Verkehrsamt angeboten, ☏ 02 40 78 73 88).

Bourgneuf-en-Retz

Wer auf seiner Reise entlang der Loire schon einmal soweit nach Westen vorgedrungen ist, will in der Regel so schnell wie möglich einen ersten Blick auf den Atlantik werfen. Bei Bourgneuf-en-Retz hat sich der Ozean am weitesten Richtung Osten vorgearbeitet. Die Ortschaft liegt an einem Schnittpunkt zweier recht unterschiedlicher Küstenabschnitte: Richtung Norden beginnt die Badeküste mit sämtlichen touristischen Einrichtungen, der Süden besteht größtenteils aus Marschland, durch das nur wenige Nebenstraßen bis ans Meer führen.

Tipp Von **Bouin** aus lohnt sich der eine oder andere Abstecher an die Küste. Hier liegen die Austernbänke, auf denen die begehrten Schalentiere gedeihen. Bei Niedrigwasser rücken die Züchter mit ihren Traktoren aus, die sie weit draußen im spiegelnden Watt parken, um ihre Anlagen zu pflegen oder die nächste Ernte einzuholen.

* Ile de Noirmoutier

Wie eine schützende Barriere liegt die Ile de Noirmoutier zwischen der Bucht von Bourgneuf und dem Atlantik. „Es ist ein wunderbares Fleckchen Erde", schrieb der Maler Auguste Renoir über die Insel, „so schön wie der Süden, aber mit einem Meer von ganz anderer Schönheit als das Mittelmeer".

Tipp Die Attraktion ist der **Meerespark Sealand.** Bei täglichen Shows zeigen Robben ihre Kunststücke (Le Vieux Port, ☎ 02 51 39 08 11; 🕓 tgl. 10–12, 14–19 Uhr, im Sommer durchgehend).

St-Philbert-de-Grand-Lieu wurde zur Zeit der Karolinger erbaut

Kurz vor dem Atlantik in Bouin

In den Salzgärten

Große Küstenabschnitte der etwa 20 km langen Ile de Noirmoutier werden von Dünen gesäumt, hinter denen sich dem Meer abgerungene Polderlandschaften und Salzgärten ausdehnen. Diese rasterförmig angelegten Meerwasser-Verdunstungsbecken gehören zu den großen Attraktionen der Insel. Die *paludiers*, die Salzgärtner, sind dort in ihrer typischen weißen Leinenkleidung barfuß auf den schmalen Dämmen unterwegs, welche die einzelnen Becken voneinander trennen. Mit einer Art langstieligem Rechen schieben sie das auskristallisierte Meersalz zu großen Haufen zusammen. Manche verkaufen das grobe Natursalz vor Ort in kleineren oder größeren Portionen.

Vier Dörfer und zehn Weiler liegen auf der Insel. Bereits der Zugang zu dem Eiland kann sehr aufregend sein. Zwar schwingt sich eine 600 m lange Brücke vom Festland bei *Fromentine* nach Noirmoutier hinüber. Schon im 18. Jh. wurde ein schmaler Damm aufgeworfen, der inzwischen als grobes Waschbetonband unter dem Namen **Passage du Gois** den Atlantik durchquert.

6

Seite 87

Nur zweimal täglich ist diese in der Region einzigartige Verbindung vier Stunden lang für Autos befahrbar: Geöffnet wird zwei Stunden vor, geschlossen zwei Stunden nach dem tiefsten Stand der Ebbe. Nur in dieser Zeit können Autos die Passage gefahrlos benutzen. Bei Flut liegt die Fahrbahn etwa 3 m unter Wasser.

In regelmäßigen Abständen wurden darum entlang dem Damm Türme errichtet, die im Notfall als Zuflucht dienen. Jahr für Jahr begeben sich Autofahrer zu spät auf den Weg und müssen dann vom sicheren Turm aus mitansehen, wie ihr fahrbarer Untersatz von den Wellen weggetragen wird.

Die heutige Inselidylle mit ihrem mancherorts romantischen Robinson-Crusoe-Charme lässt vergessen, dass Noirmoutier auf eine zum Teil stürmische Geschichte zurückblickt. Schon im 7. Jh. hatte Philibert dort ein Kloster gegründet, dessen Mönche im Jahr 836 mit den Gebeinen des Heiligen flüchteten, als die Wikinger die französische Atlantikküste plündernd und brandschatzend überrannten. Erst im 18. Jh. begann es den Inselbewohnern besser zu gehen, als in Nantes der Überseehandel aufblühte und sich mancher Salzgärtner im Exportgeschäft eine goldene Nase verdiente. Über die lokale Geschichte informiert das Museum im alten Schloss in **Noirmoutier-en-l'Ile,** der Inselhauptstadt.

Heute bringen hauptsächlich Urlauber Geld in die Kassen der Insulaner. Schon im Februar locken die blühenden Mimosen die ersten Unentwegten auf das Eiland, ehe im Frühsommer der Strom von Besuchern aus dem In- und Ausland einsetzt. Außer Landschaft und Kultur zieht auch die Kochkunst so manchen nach Noirmoutier, denn schließlich kommen hier Seehechte, Seezungen, Krabben, Langusten, Austern und Hummer direkt aus dem Meer auf den Tisch.

Großer Beliebtheit erfreut sich die hier angebaute Kartoffel, die ihren ganz speziellen Geschmack aus der Düngung mit Seetang bezieht.

Office de Tourisme, Quai J.-Bart, F-85330 Noirmoutier-en-l'Ile, ☏ 02 51 39 12 42, FAX 02 51 39 53 16.

Hôtel du Général d'Elbée, Place d'Armes, ☏ 02 51 39 10 29, FAX 02 51 39 08 23. Älteres Hotel mit 28 Zimmern, die mit traditionellen Möbeln ausgestattet sind. Im Nebengebäude modernere Zimmer mit Blick auf Garten und Swimmingpool. Restaurant mit feinen Fischgerichten. ($)

Fleur de Sel, vor der Brücke in Fromentine, ☏ 02 51 39 21 59,

Fax 02 51 39 75 66. Mediterran wirkende Anlage mit hellen Zimmern, Swimmingpool und schönem Garten. Die Küche ist selbstverständlich auf frische Fischgerichte spezialisiert. ($)

Côte Jardin, 1 bis, rue Grand-Four, Noirmoutier-en-l'Ile, ☎ 02 51 39 03 02. Das sehr frequentierte Restaurant ist bekannt für ausgezeichnete Fischgerichte. ($)
La Grand Four, 1, rue Cure, hinter dem Schloss, ☎ 02 51 39 61 97. Bretonische Küche, Fisch- und Meeresfrüchte. ($)

Die Passage du Gois hinüber zur Ile de Noirmoutier

Côte de Jade

In Pornic endet die Reise entlang der Loire ...

Zentrum der nach Norden verlaufenden so genannten Côte de Jade („Jadeküste") bildet *Pornic (9800 Einw.), ein kleines, malerisches Städtchen. Den tief eingeschnittenen Hafen bewacht das etwas unheimlich wirkende Schloss, das im 19. Jh. stark restauriert wurde. Bunt getünchte Fischkutter und Luxusjachten haben an den blumengeschmückten Kais festgemacht, nur einige Schritte von Läden und Restaurants entfernt. Wenn Fischer ihre Netze zum Flicken ausbreiten und Hobbymaler ihre Staffeleien aufstellen, könnte man glauben, der Ort sei als Freizeitpark einzig zum Vergnügen der Besucher angelegt worden. Aber Pornic ist ein lebhaftes Städtchen, in dem die Fischerei durchaus noch eine Rolle spielt. Um den Hafen zieht sich die Altstadt wie ein Amphitheater die umliegenden Hügel hinauf.

Office de Tourisme, Quai du Cdt-l'Herminier, F-44210 Pornic, ☎ 02 40 82 04 40, Fax 02 40 82 90 12. Informationen über die Ausflugsboote zwischen Pornic und der Ile de Noirmoutier.

Alliance, Plage de la source, ☎ 02 40 82 21 21, Fax 02 40 82 80 89. Luxushotel

... und in den Sandbuchten lockt das faule Strandleben

6
Seite 87

direkt am Meer, mit Therapieabteilung und Tennisanlagen, empfehlenswertes Restaurant. $$

Relais St-Gilles, 7, rue F.-de-Mun, ☏ 02 40 82 02 25. Kleines, modern ausgestattetes Hotel mit Restaurant und Meeresblick. $

Beau Rivage, an der Plage de la Birochère, ☏ 02 40 82 03 08. Meeresfrüchte und frischer Fisch sind die Spezialitäten des Hauses. $$

St-Nazaire

Ein Wiedersehen mit der Loire feiert man auf dieser Rundreise auf der genau 3356 m langen Brücke. Sie überspannt die Flussmündung in den Atlantik und führt in das am nördlichen Ufer liegende St-Nazaire (65 000 Einw.). In den vergangenen 150 Jahren machte dieses einstige Fischerdorf eine bemerkenswerte Entwicklung durch: Es besitzt heute die größte, noch arbeitende Werft Frankreichs.

Office de Tourisme, Place François-Blancho, F-44600 St-Nazaire, ☏ 02 40 22 40 65, Fax 02 40 22 19 80.

6

Seite 87

Tourraine, 4, av. de la République, ☏ 02 40 22 47 56. Kleines angenehmes und zudem preiswertes Hotel. $

Au Bon Accueil, 39, rue Marceau, ☏ 02 40 22 07 05. Ausgezeichnete, ideenreiche und sehr schmackhafte französische Küche. $$

L'An II, 2, rue Villebois-Mareuil, ☏ 02 40 00 95 33. Gemütlich, preiswerte und gute Menüs. $

* La Baule

Mondän, elegant und von einem milden Klima verwöhnt: So sieht sich La Baule (14 800 Einw.) auch selbst am liebsten, eine glänzende Perle unter den berühmten Seebädern an der französischen Atlantikküste. Mit Blick nach Süden stehen an der 8 km langen Bucht Jahrhundertwendehotels neben supermodernen Riesenbauten. Hier und da dienen herausgeputzte Miniaturgärtlein mit exotischen Pflanzen und Palmenbüschel als Beweis für das milde, maritime Klima, dem die Stadt schon im ausgehenden 19. Jh. ihre Reputation als Nobelbadeort verdankte.

Ob Roulette, Blackjack, Video Poker oder Gambling an der Slotmachine: im **Casino** von La Baule können Gäste ihr Glück versuchen (Esplanade Lucien Barriere, ☏ 02 40 11 48 28).

Office de Tourisme, 8, pl. Victoire, F-44500 La Baule, ☏ 02 40 24 34 44, Fax 02 40 11 08 10.

L'Hermitage, Esplanade Lucien-Barrière, ☏ 02 40 11 46 46, Fax 02 40 11 46 45. Großes Luxushotel direkt am Strand, mit vielen Sportmöglichkeiten und zwei ausgezeichneten Restaurants. $$

Bellevue Plage, 27, bd. de l'Océan, ☏ 02 40 60 28 55, Fax 02 40 60 10 18. Kleines, aber komfortables Hotel mit einem empfehlenswerten Restaurant. $$

La Mascotte, 26, av. Marie-Louise, ☏ 02 40 60 26 55, Fax 02 40 60 15 67. Kleines und gemütliches Hotel mit einem hübschen Garten und Restaurant. $

La Palmeraie, 7, allée Cormorans, ☏ 02 40 60 24 41, Fax 02 40 42 73 71. Kleines Haus in einem schönen Garten; mit einfachem Restaurant. $

La Marcanderie, 5, av. d'Agen, ☏ 02 40 24 03 12. Elegantes Restaurant mit klassischer Küche; die Fischgerichte erfreuen sich großer Beliebtheit. $$

Le Clemenceau, 42, av. Clemenceau, ☏ 02 40 60 21 33. Die Jakobsmuscheln auf Champignons sind ein Gedicht. $$

Le Chalet Suisse, 114, av. Général-de-Gaulle, ☏ 02 40 60 23 41. Gutbürgerliche Küche zu reellen Preisen. $

Côte Sauvage

Mit 3356 m überspannt diese Brücke die Mündung der Loire in den Atlantik

Von zerklüfteten Felsen, Buchten und Landvorsprüngen gesäumt, wird die Côte Sauvage, die „wilde Küste“, ihrem Namen voll und ganz gerecht. Bis an die Spitze der Halbinsel von Guérande zieht sich dieser von der Brandung ausgewaschene und zerrissene Küstenstreifen hin.

In **Batz-sur-Mer** legten die Einwohner an der zerklüfteten Küste einen kleinen, geschützten Hafen an, gerade groß genug für die sturmerprobten Kutter der wenigen verbliebenen lokalen Fischer. Andere beziehen wie eh und je ihr Einkommen aus dem „weißen Gold“ der ausgedehnten Salzgärten (S. 88).

Postmoderne Architektur empfängt einen in La Baule

Auch das quirlige * **Le Croisic** (5000 Einw.) lebt größtenteils von den Schätzen der Natur: der Fischerei, zu der die Muschel- und Austernzucht hinzukommt. Die Bewohner dieses Städtchens mussten ihren Hafen vor

Wie schaumgeboren: Thalassotherapie

Das wachsende Natur- und Gesundheitsbewusstsein hat an der französischen Atlantikküste in den letzten Jahren der Thalassotherapie zu einer Renaissance verholfen. Was sich nach Behandlung von Krankheiten und Gebrechen anhört, kommt immer mehr auch bei gesunden Menschen in Mode, die sich entspannen und mit Hilfe der Heilkraft des Meeres ihr Wohlbefinden steigern wollen. Schon die alten Griechen und Römer nutzten Meerwasser und Meeresklima, um sich in Form zu bringen oder Beschwerden zu lindern. Therapiezentren haben sich längst darauf spezialisiert, ihren Gästen die Ingredienzen des Meerwassers zugute kommen zu lassen: Magnesium, Kalzium, Fluor, Natrium, Kalium und viele andere Spurenelemente, die etwa auch im Blutserum enthalten und für den menschlichen Organismus wichtig sind. Thalassotherapie baut auf den Austausch solcher Spurenelemente zwischen Wasser und Körper. Was der Mensch an bestimmten Elementen zu wenig hat, kann er durch Wasserbehandlungen aufnehmen. Um die Wirkung zu steigern, bedienen sich die Therapiezentren bestimmter Techniken. So gelangen beispielsweise pulverisierte Algen zur Anwendung, die u. a. Jod, Mangan, Eisen und Kupfer enthalten. Vier Anwendungen pro Tag sind bei der Meerwassertherapie üblich. Hinzu kommen Massagen und auf Wunsch begleitende Schönheitsbehandlungen.

Eine deutschsprachige Broschüre über Thalassotherapie gibt es beim *Comité Départemental du Tourisme de Loire-Atlantique*, B. P. 20502, F-44005 Nantes, FAX 02 40 20 44 54, Anfragen per E-Mail: info@cdt.44.com.

6
Seite 87

den Launen des Atlantiks ebenfalls durch eine Mole schützen.

* Guérande

Das am Rande der ausgedehnten Salzsümpfe gelegene Guérande umgibt seit dem 15. Jh. die komplett erhaltene Stadtmauer. Jenseits der Wassergräben legte schon der Herzog von Aiguillon im 18. Jh. in kluger Voraussicht eine Ringstraße an. Zwischen den vier Stadttoren ziehen sich schmale Gassen durch den alten Kern zur Kirche **St-Aubin,** deren schlanke Granitfassade an sonnigen Abenden vom späten Licht des Tages vergoldet wird.

Office de Tourisme, 1, pl. Marché aux Bois, F-44350 Guérande, ☎ 02 40 24 96 71, FAX 02 40 62 04 24.

Voyageurs, Place du 8-Mai-1945, ☎ 02 40 24 90 13, FAX 02 40 62 06 64. Kleines, gemütliches Hotel mit zwölf Zimmern und einem Garten. $

Im ** Parc Régional de la Grande Brière

Im Osten von Guérande dehnt sich eine der eigentümlichsten Landschaften der Bretagne aus: **La Grande Brière,** ein faszinierendes, etwa 40 000 ha großes Labyrinth aus Kanälen mit torfbraunem Wasser, feuchten Wiesen, knorrigen Bäumen und alt gebliebenen Dörfern. 1970 wurde zum Schutz des Gebiets der Parc Régional de la Grande Brière angelegt. Im Jahr 1923 erschien ein Roman von Alphonse de Chateaubriant über diese Gegend, in der er von einer Sumpflandschaft sprach, erfüllt vom Schweigen der Menschen und dem Gesang der Vögel.

Das Museumsdorf **Kerhinet** an der D 51 war vor drei Jahrzehnten eine Ruinenlandschaft aus verfallenen Häusern und Gehöften. Heute ist es das Schaustück der Brière mit rund einem Dutzend liebevoll wiederaufgebauter Landhäuser mit Reetdächern.

Auberge de Kerhinet, Le Kerhinet bei St-Lyphard, ☎ 02 40 61 91 46, FAX 02 40 61 97 57. Eine kleine Schönheit ist das reetgedeckte Gasthaus aus Bruchsteinen mit blauen Türen und Fensterläden. Rustikale Zimmer. Aus der guten Küche kommen Spezialitäten auf den Tisch wie Aal auf bretonische Art. $

Vor allem auf der zentral gelegenen **Ile de Fedrun** lebt die Tradition fort. An der Dorfstraße reihen sich reetgedeckte Landhäuschen aneinander, von denen das eine hübscher als das andere ist. Leuchtendblaue Fenster und Türen, schneeweiße Gartenzäune um Sonnenblumen- und Stockrosenbeete und rankende Weinreben über den Hauseingängen machen die Gemeinde zu einer etwas groß geratenen Puppenstube.

Selbstverwaltung mit Geschichte

Doch nicht nur die Natur stellt hier etwas Besonderes dar: In der Grande Brière sind die Besitzverhältnisse seit Jahrhunderten auf ungewöhnliche Weise geregelt. Schon im Jahr 1461 verfügte der damalige Herzog der Bretagne, François II, dass dieser Landstrich für alle Zeiten das gemeinsame, unteilbare und unveräußerliche Eigentum der Bevölkerung bleiben solle. Daran hat sich bis zur Stunde nichts geändert. Jede der 21 Kommunen, früher waren es 17 Pfarreien, entsendet einen Vertreter in das für die Verwaltung der Brière zuständige Gremium.

Meist trennen die Häuser nur ein paar Schritte vom nächsten Kanal, in dem die flachen Boote für den Besuch in der Nachbargemeinde bereitliegen.

6
Seite 87

Praktische Hinweise von A–Z

Diplomatische Vertretungen

Deutschland: Botschaft:
13–15, av. Franklin-D.-Roosevelt,
F-75008 Paris, ☏ 01 53 83 45 00,
℻ 01 43 59 74 18.

Österreich: Botschaft: 6, rue Fabert,
F-75007 Paris, ☏ 01 40 63 30 63.
Konsulat: 17, ave. Villars,
F-75007 Paris, ☏ 01 40 63 30 90 oder
01 40 61 91 95.

Schweiz: Botschaft: 142, rue de
Grenelle, F-75007 Paris,
☏ 01 49 55 67 00, ℻ 01 40 61 91 95.

Einreise

Obwohl seit der Öffnung der europäischen Grenzen Bürger aus der Europäischen Union (EU) beim Grenzübertritt keiner Kontrolle mehr unterliegen, sollte man nicht ohne den Personalausweis verreisen. Für Schweizer gilt weiterhin, dass sie bei der Ein- und Ausreise im Besitz eines gültigen Reisepasses sein müssen. Kinder unter 16 Jahren aus EU-Ländern, die keinen eigenen Kinderausweis haben, müssen im Pass der Eltern eingetragen sein.

Elektrizität

Bis auf wenige Ausnahmen beträgt die Netzspannung 220 V. Geräte mit Flachsteckern sind zu empfehlen.

Feiertage

Neujahrstag, Ostermontag, 1. Mai, 8. Mai (Waffenstillstand 1945), Christi Himmelfahrt, Pfingstmontag, 14. Juli (Nationalfeiertag), 15. August, 1. November (Allerheiligen), 11. November (Waffenstillstand 1918), 25. Dezember.

Fotografieren

Filmmaterial ist in Frankreich erheblich teurer als in Deutschland. In Schlössern und Museen ist das Fotografieren oder Filmen, wenn überhaupt, nur ohne Stativ und Blitz gestattet.

Geld und Währung

Die Währungseinheit ist der französische Franc (FF) mit 100 Centimes (c). Im Umlauf sind Münzen zu 20, 10, 5, 2 und 1 FF sowie zu 50, 20, 10 und 5 c. Als Banknoten gibt es 500, 200, 100, 50 und 20 FF.

Mit der Eurocheque-Karte bekommt man Bargeld an allen Bankautomaten. Es können maximal 1400 FF bei einer Buchung abgehoben werden.

Information

Die städtischen Verkehrsämter heißen *Office de Tourisme* oder *Syndicat d'Initiative.*

Deutschland: Maison de la France,
D-60325 Frankfurt/M., Westendstr. 47,
☏ 01 90 / 57 00 25 (1,21 DM/Min.),
℻ 59 90 61;
Internet: http://www.maison-de-la-france.com; E-Mail:
maison_de_la_france@t-online.de

Österreich: Argentinierstr. 41 a,
A-1040 Wien, ☏ 01/15 03 28 90,
℻ 15 03 28 71.
Internet: http://www.maison-de-la-france.at; E-Mail: info@maison-de-la-france.at

Schweiz: Löwengasse 59, Postfach
7226, CH-8023 Zürich,
☏ 01/2 11 30 85, ℻ 2 12 16 44,
E-Mail: tourismefrance@bluewin.ch

Jeder Ort von touristischer Bedeutung in Frankreich besitzt einen Verkehrsverein *Syndicat d'initiative* oder ein Verkehrsamt *Office de Tourisme.* Regionale Fremdenverkehrsbüros: *Comité Régional de Tourisme (CTR) Centre – Val de Loire,* 9 rue St-Pierre-Lentin, F-45000 Orléans.

Krankenversicherung

Obwohl zwischen Deutschland und Frankreich ein Sozialversicherungsabkommen besteht, ist der Versicherungsschutz durch die gesetzlichen Krankenkassen nicht garantiert. Nicht alle Ärzte akzeptieren den Auslandskrankenschein; sie rechnen statt dessen lieber privat mit dem Urlauber ab. Um eine problemlose ärztliche Versorgung gewährleistet zu haben, ist deshalb der Abschluss einer privaten Auslandsreisekrankenversicherung sinnvoll.

Öffnungszeiten

In Frankreich gibt es kein striktes Ladenschlussgesetz. Öffnungszeiten werden häufig individuell geregelt. So haben in der Regel kleinere Geschäfte und Banken auf dem Land kürzere Geschäftszeiten als in der Stadt.

Banken: 9–12 und 14–16 Uhr, Sa und in kleineren Orten manchmal auch Mo geschlossen.

Geschäfte: Normalerweise 9–12 und von 14–19 Uhr. Kleinere Geschäfte sind häufig am Montag geschlossen, aber am Sonntagmorgen geöffnet.

Behörden: Mo bis Fr 9–12 und 14 bis 17 Uhr.

Postämter: Mo bis Fr 9–19 Uhr (auf dem Land Mo bis Fr 8–12 und 14 bis 18.30 Uhr) sowie Sa bis 12 Uhr.

Museen: Die meisten staalichen Museen sind Mo oder Di geschlossen.

Die Öffnungszeiten der kleinen Museen werden sehr flexibel gehandhabt. Informationen erteilt das *Syndicat d'Initiative* bzw. die *Office de Tourisme* des jeweiligen Ortes.

Post

Briefmarken *(timbres)* gibt es außer bei der Post auch im Zigarettenladen *(Tabac)* oder in Bars mit Zigarettenverkauf *(Bar-Tabac)*.

Deutschland/Österreich/Schweiz: Postkarte und Brief (bis 20 g) 3 FF.

Rauchen

In Frankreich gibt es keine Zigarettenautomaten. Zigaretten bekommt man aber im *Bar-Tabac*. Seit 1992 ist das Rauchen in öffentlichen Gebäuden untersagt, ebenso in öffentlichen Verkehrsmitteln. Die Gastronomie bietet in der Regel Raucher- und Nichtraucherplätze an.

Telefon

In Frankreich gelten einheitlich zehnstellige Telefonnummern mit einer Null am Anfang. Ruft man aus dem Ausland an oder schickt ein Fax, entfällt nach der Landesvorwahl 00 33 die Null.

Bis auf Ausnahmen gibt es keine Münzfernsprecher mehr. Die *Télécarte* (50 bzw. 120 Einheiten) kann man bei der Post, in Tabakläden oder in Zeitungsgeschäften kaufen. Ein Ortsgespräch kostet 2 FF. Der Billigtarif für Ferngespräche im Land gilt wochentags von 18–8 Uhr, von Samstag 14 bis Montag 8 Uhr sowie an Feiertagen. Für Auslandsgespräche gelten die Billigtarife wochentags erst ab 21.30 Uhr.

Vorwahlen: Deutschland: 00 49.
Österreich: 00 43.
Schweiz: 00 41.

Trinkgeld

Der Bedienungszuschlag ist laut Gesetz immer im Preis inbegriffen. Ein zusätzliches Trinkgeld wird aber erwartet.

Zollbestimmungen

Innerhalb der EU müssen Reisende bei Waren für den persönlichen Bedarf keine Einfuhrbeschränkungen berücksichtigen. Für den privaten Verbrauch dürfen somit 800 Zigaretten und 10 l Spirituosen pro Person ab 15 bzw. 17 Jahre mitgenommen werden.

Schweiz: Waren bis zu einem Gesamtwert von 200 sfr, zusätzlich 200 Zigaretten oder 50 Zigarren oder 250 g Tabak, 1 l Spirituosen über oder 2 l unter 15° und 2 l Wein sind zollfrei.

Register

Orts- und Sachregister

Personenregister